Berlitz® speaking your language

WITHDRAWN

Confident
French

by Muriel Placet-Kouassi

D1738459

Berlitz Publishing
New York   London   Singapore

Contacting the Editors
Every effort has been made to provide accurate information in this publication, but changes are inevitable. The publisher cannot be responsible for any resulting loss, inconvenience or injury. We would appreciate it if readers would call our attention to any errors or outdated information, please contact us at: comments@berlitzpublishing.com

Original edition: 2001 by Langenscheidt KG, Berlin and Munich

First printing: 2014

Berlitz Trademark Reg. U.S. Patent Office and other countries. Marca Registrada. Used under license from Berlitz Investment Corporation

Senior Commissioning Editor: Kate Drynan
Design: Beverley Speight
Picture research: Beverley Speight
French Editor: Florence Bonneau

Cover photos: © APA Kevin Cummings
Interior photos: © APA Kevin Cummings, istockphotos, APA Bev Speight

Distribution

Worldwide
APA Publications GmbH & Co. Verlag KG
(Singapore branch)
7030 Ang Mo Kio Ave 5
08-65 Northstar @ AMK, Singapore 569880
Email: apasin@singnet.com.sg

UK and Ireland
Dorling Kindersley Ltd
(a Penguin Company)
80 Strand, London, WC2R 0RL, UK
Email: sales@uk.dk.com

US
Ingram Publisher Services
One Ingram Blvd, PO Box 3006
La Vergne, TN 37086-1986
Email: ips@ingramcontent.com

Australia
Woodslane
10 Apollo St
Warriewood, NSW 2102
Email: info@woodslane.com.au

Contents

Introduction

This course is designed for advanced beginner learners or for those who have already had some introduction to French. It is divided into sections so that you can easily build up your language skills at your own pace. By the end of the course, you should have a good understanding of the language. You will be able to speak, write and understand basic French and you will have the grammar and vocabulary foundations to help you to progress with ease.

How to Use this Book

Listen to the dialogue at the beginning of each lesson. You can follow along with the book which contains the dialogue in French, the English translation and, for Lessons 1 to 3, a simplified pronunciation to help you break down the sounds of the words.

You can then move on to the grammar section. Here you will learn how to build sentences and what each component means and how to use it.

Next you will find the vocabulary section. When studying the vocabulary, it is useful to write the words down - this will help you to memorize them faster. Another tip is to try to create sentences that contain the word. This way you will remember the word, what it means, and how to use it. For more on the vocabulary section, see the Online Content section below.

Finally, you will come across the exercises. It is important to complete these in order to progress as they allow you the opportunity to put into practice what you have learnt. Do not go on to the next section until you have successfully completed each one. You can refer back to the dialogue and the vocabulary sections to help you. You will be able to check your answers against the Answer Key at the end of the book on page 247.

Online Content

You will notice that each of the vocabulary sections has an audio symbol. You can download the audio version online from our website at **www.berlitzpublishing.com**. Each word is read once in English, and then in French. This will help you to memorize words and to build your vocabulary more quickly. It will also help you to work on your pronunciation.

Pronunciation

This section is designed to make you familiar with the sounds of French using our simplified phonetic transcription. You'll find the pronunciation of the French letters and sounds explained in this section, together with their "imitated" equivalents. This system is used in the beginning of this course from Lesson 1 through to Lesson 4; simply read the pronunciation as if it were English, noting any special rules below.

In French, all syllables are pronounced the same, with no extra stress on any particular syllable. The French language contains nasal vowels, which are indicated in the pronunciation by a vowel symbol followed by an N. This N should not be pronounced strongly, but it is there to show the nasal quality of the previous vowel. A nasal vowel is pronounced simultaneously through the mouth and the nose. In French, the final consonants of words are not always pronounced. When a word ending in a consonant is followed with a word beginning with a vowel, the two words are often run together. The consonant is therefore pronounced as if it begins the following word.

Example	Pronunciation
comment	*koh-mawN*
Comment allez-vous ?	*koh-mawN tah-lay-voo*

Consonants

Letter	Approx. Pronunciation	Symbol	Example	Pronunciation
cc	1. before e, i, like cc in accident	ks	accessible	*ahk-seh-see-bl*
	2. elsewhere, like cc in accommodate	k	d'accord	*dah-kohr*
ch	like sh in shut	sh	chercher	*shehr-shay*
ç	like s in sit	s	ça	*sah*
g	1. before e, i, y, like s in pleasure	zh	manger	*mawN-zhay*
	2. before a, o, u, like g in go	g	garçon	*gahr-sohN*
h	always silent		homme	*ohm*
j	like s in pleasure	zh	jamais	*zhah-may*
qu	like k in kill	k	qui	*kee*
r	rolled in the back of the mouth, like gargling	r	rouge	*roozh*
w	usually like v in voice	v	wagon	*vah-gohN*

B, c, d, f, k, l, m, n, p, s, t, v, x and z are pronounced as in English.

Vowels

Letter	Approx. Pronunciation	Symbol	Example	Pronunciation
a, à, â	between the a in hat and the a in father	ah	mari	*mah-ree*
e	sometimes like a in about	uh	je	*zhuh*

è, ê	like e in get	**eh**	même	*mehm*
é	like a in late	**ay**	été	*ay-tay*
i	like ee in meet	**ee**	il	*eel*
o, ô	generally like o in doll	**oh**	donner	*doh-nay*
u	like ew in dew	**ew**	une	*ewn*

Sounds spelled with two or more letters

Letter	Approx. Pronunciation	Symbol	Example	Pronunciation
er, ez	like a in late	**ay**	chez/aller	shay/ah-lay
ai, aient, ais, ait, aî, ei	like e in get	**eh**	chaîne/peine	shehn/pehn
(e)au	similar to o	**oh**	chaud	shoh
eu, eû, œu	1. like u in fur, but short	**uh**	euro	uh-roh
	2. like a puff of air		sœur	suh
euil, euille	like uh + y	**uhy**	feuille	fuhy
ail, aille	like ie in tie	**ie**	taille	tie
ille	1. like yu in yucca	**eeyuh**	famille	fah-meey
	2. like eel	**eel**	ville	veel
oi, oy	like w followed by the a in hat	**wah**	moi	mwah
ou, oû	like o in move or oo in hoot	**oo**	nouveau	noo-voh
ui	approximately like wee in between	**wee**	traduire	trah-dweer

1. Bonjour !

Welcome to France. Be prepared to immerse yourself in the French language, starting with an overview of the basics. Listen to the audio, become accustomed to the rhythm of the language and just start speaking – don't forget to download the audio vocabulary online too.

BONJOUR ! HELLO!

Madame Sorel:	Bonjour, Paul ! *(bohN-zhoor pohl)* Hello, Paul!
Paul:	Bonjour, madame ! Ça va ? *(bohN-zhoor mah-dahm. sah vah)* Hello, Madame! How's everything?
Madame Sorel:	Oui, ça va bien, merci. Et vous, Paul, comment allez-vous ? *(wee sah vah beeyehN mehr-see. ay voo pohl koh-mawN tah-lay voo)* Fine, thank you. And you, Paul, how are you?
Paul:	Très bien, merci. *(treh beeyehN mehr-see)* Very well, thank you.
Madame Sorel:	Révisons le vocabulaire, Paul ! Vous êtes prêt ? *(ray-vee-zohN luh-voh-kah-bew-lehr pohl. voo zeht preh)* Let's review the vocabulary, Paul! Are you ready?

Paul:	Oui, madame.
	(wee mah-dahm)
	Yes, Madame.
Madame Sorel:	Ça… Est-ce que c'est un stylo ?
	(sah…ehs kuh seh tuhN stee-loh)
	This…Is this a pen?
Paul:	Oui, c'est un stylo.
	(wee seh tuhN stee-loh)
	Yes, it's a pen.
Madame Sorel:	Et ça ? Est-ce que c'est un stylo ou une clé ?
	(ay sah. ehs kuh seh tuhN stee-loh oo ewn klay)
	And that? Is that a pen or a key?
Paul:	Ça, c'est une clé !
	(sah seh tewn klay)
	That is a key!
Madame Sorel:	Bien ! Et ça ? Est-ce que c'est aussi une clé ?
	(beeyehN. ay sah. ehs kuh seh toh-see ewn klay)
	Good! And that? Is that also a key?
Paul:	Non, madame. Ce n'est pas une clé !
	(nohN mah-dahm. suh neh pah zewn klay)
	No, Madame. That's not a key!
Madame Sorel:	Qu'est-ce que c'est ?
	(kehs kuh seh)
	What is it?
Paul:	C'est un livre ! C'est un livre de français.
	(seh tuhN leevr. seh tuhN leevr duh frahN-seh)
	It's a book! It's a French book.
Madame Sorel:	Très bien, Paul ! Vous connaissez bien votre vocabulaire. Félicitations !
	(treh beeyehN pohl. voo koh-neh-say beeyehN voh-truh voh-kah-bew-lehr. fay-lee-see-tah-seeyohN)
	Very good, Paul! You know your vocabulary well. Congratulations!
Paul	Merci. Au revoir, madame. À bientôt.
	(mehr-see. oh rvoo-ahr mah-dahm. ah beeyehN-toh)
	Thank you. Goodbye, Madame. See you soon.

Grammaire / Grammar

1. QUESTIONS ET RÉPONSES / QUESTIONS AND ANSWERS

Qu'est-ce que c'est ? *(kehs kuh seh)*
What is this?

C'est un stylo. *(seh tuhN stee-loh)*
It's a pen.

Qu'est-ce que c'est ?

C'est un livre. *(seh tuhN leevr)*
It's a book.

Qu'est-ce que c'est ?

C'est un bureau. *(seh tuhN bew-roh)*
It's a desk.

2. OUI OU NON / YES OR NO

Est-ce que c'est un bureau ? *(eh skuh seh tuhN bew-roh)*
Is this a desk?

Oui. *(wee)*
Yes.

Oui, c'est un bureau. *(wee seh tuhN bew-roh)*
Yes, it's a desk.

Est-ce que c'est un stylo ? *(eh skuh seh tuhN stee-loh)*
Is this a pen?

Oui, c'est un stylo. *(wee seh tuhN stee-loh)*
Yes, it's a pen.

Est-ce que c'est un stylo ?

Non. *(nohN)*
No.

Non, ce n'est pas un stylo. *(nohN suh neh pah zuhN stee-loh)*
No, it's not a pen.

Qu'est-ce que c'est ? *(keh skuh seh)*
What is it?

C'est un livre. *(seh tuhN leevr)*
It's a book.

3. UN OU UNE / A (m OR f)

There are two translations of the indefinite article a in French: un *(for words which are masculine)* and une *(for words which are feminine)*. Always learn the gender of the word *(masculine or feminine)* at the same time as you learn the word itself: not just stylo but un stylo, not just clé but une clé, etc.

Here are some words that take une:

une clé	une boîte	une chaise
(ewn klay)	*(ewn bwaht)*	*(ewn shehz)*
a key	a box	a chair

Most of the words ending with an e are feminine. However, there are some exceptions; for example: un livre.

Est-ce que c'est une boîte ? *(ehs kuh seh tewn bwaht)*
Is this a box?

Non, ce n'est pas une boîte. *(nohN suh neh pah zewn bwaht)*
No, it's not a box.

Qu'est-ce que c'est ?

C'est une chaise. *(seh tewn shehz)*
It's a chair.

Est-ce que c'est une clé ou un stylo ? *(ehs kuh seh tewn klay oo uhN stee-loh)*
Is that a key or a pen?

C'est un stylo. *(seh tuhN stee-loh)*
It's a pen.

The definite article **the** is translated in French by le *(luh)* when the noun is masculine (un livre – le livre) or la *(lah)* when the noun is feminine (une chaise – la chaise). We will reexamine this point, and the plural **the** *(les)* in a later lesson.

Vocabulaire / Vocabulary

le vocabulaire: *the vocabulary*
la grammaire: *the grammar*
bonjour: *hello*
au revoir: *goodbye*
À bientôt !: *See you soon!*
monsieur: *mister/sir*
un monsieur: *a gentleman/a man*
Madame Sorel: *Mrs. Sorel*
Mademoiselle Sorel: *Miss Sorel*
petit *m*/**petite** *f*: *small/little*
grand *m*/**grande** *f*: *big/large*
prêt *m*/**prête** *f*: *ready*

In our next lesson, we will take a closer
look at the masculine and feminine forms
of adjectives.

une conversation: *a conversation*
une question: *a question*
une réponse: *an answer*
oui: *yes*
non: *no*
merci: *thank you*
ça: *that*
Ça va ?: *How is it going?/Is everything alright?*
bien: *good/well*
mal: *bad/badly*

très: *very*
très bien: *very well/very good*
très mal: *very bad*
Comment allez-vous ?: *How are you?*
comment: *how*
vous: *you (formal or plural)*
un bureau: *a desk*
un stylo: *a pen*
un livre: *a book*
un livre de français:
a French book (textbook)
un Français *m* /**une Française** *f*:
a Frenchman/a Frenchwoman
une boîte: *a box*
une chaise: *a chair*
une clé: *a key*
autre: *other*
une leçon: *a lesson*
et: *and*
qu'est-ce que… ?: *what…?*
ou: *or*
de: *of/from*
français *m* /**française** *f*: *French*
le français: *French (the language)*
aussi: *also*
bientôt: *soon*
Félicitations !: *Congratulations!*

Exercices / Exercises

Exercise A

UN OU UNE ?

Insert un or une when appropriate. The first one is done for you.

1 ....une.............chaise

2 .... livre

3 .... bureau

4 ....clé

5 .... boîte

6 ....conversation

7 ....question

8 .... monsieur

9 ....réponse

10 .... Français de Paris

Exercise B

C'EST OU CE N'EST PAS ?

Insert c'est or ce n'est pas in the appropriate places.

1 Oui,. ....c'est... Paul !

2 Non, ... Sylvie !

3 Oui, ... Monsieur Sorel !

4 Oui, ...un professeur de français !

5 Non, ...Madame Sorel !

Exercise C

QU'EST-CE QUE C'EST ?

What is this? Translate the following into French.

1 un stylo....................un stylo...

2 a box: ....

3 a gentleman: ....

4 a book: ....

5 an answer: ....

2. Introductions

In this lesson you will continue with basic introductions. You will learn the essential verbs you need to form a solid foundation for speaking French and you will increasingly build your knowledge and understanding of grammar and vocabulary.

PRESENTATIONS INSTRUCTIONS

À l'arrêt de bus, Paul fait la connaissance de Mademoiselle Caron.
At the bus stop, Paul meets Miss Caron.

Paul:	Bonjour, mademoiselle ! Comment allez-vous ?
	(bohN-joor mah-dmwah-zehl. koh-mawN tah-lay voo)
	Hello, miss! How are you?
Mademoiselle Caron:	Je vais bien, merci. Comment vous appelez-vous ?
	(zhuh vay beeyehN mehr-see. koh-mawN voo zah-play-voo)
	I am fine, thank you. What is your name?
Paul:	Je m'appelle Paul. *(zhuh mah-pehl pohl)*
	My name is Paul.
Mademoiselle Caron:	Enchantée, Paul ! Je suis Mademoiselle Caron.
	(awN-shawN-tay pohl. zhuh swee mah-dmwah-zehl kah-rohN)
	Pleased to meet you, Paul. I am Miss Caron.
Paul:	Enchanté, mademoiselle ! *(awN-shawN-tay mah-dmwah-zehl)*
	Pleased to meet you, Miss!

Mademoiselle Caron:	Qu'est-ce que c'est ? *(kehs kuh seh)*
	What is this?
Paul:	C'est mon livre de français. J'apprends le français à l'école.
	(seh mohN leevr duh frawN-seh. zhah-prawN luh frawN-seh ah lay-kohl)
	This is my French book. I am learning French at school.
Mademoiselle Caron:	De quelle nationalité êtes-vous ?
	(duh kehl nah-seeyoh-nah-lee-tay eht voo)
	What nationality are you?
	[Of which nationality are you?]
Paul:	Je suis anglais. Je viens de Londres. Et vous, d'où venez-vous ? Vous êtes française ?
	(zhuh swee awN-gleh. zhuh veeyehN duh lohNdr. eh voo doo vnay voo. voo zeht frawN-sehz)
	I am English. I come from London. And you, where do you come from? Are you French?
Mademoiselle Caron:	Oui, je suis française. Je viens de Bor-deaux. Maintenant je travaille ici, à Paris, dans une banque. C'est une très grande ban-que.
	(wee zhuh swee frawN-sehz. zhuh veeyehN duh bohr-doh. mihN-tnawN zhuh trah-vie ee-see ah pah-ree dawN zewn bawNk. seh tewn treh grawNd bawNk)
	Yes, I am French. I come from Bordeaux. Now, I am working here, in Paris, in a bank. It's a very large bank.
Paul:	Mon père travaille dans une banque aussi, une banque canadienne à Londres.
	(mohN pehr trah-vie dawN zewn bawNk oh-see ewn bawNk kah-nah-deeyehn ah lohNdr)
	My father works in a bank too, a Canadian bank in London.
Mademoiselle Caron:	Est-ce qu'il est canadien ?
	(ehs keel eh kah-nah-deeyehN)
	Is he Canadian?
Paul:	Non, il n'est pas canadien, il est anglais.
	(nohN eel neh pah kah-nah-deeyehN eel eh tawN-gleh)
	No, he is not Canadian, he is English.
Mademoiselle Caron:	Le bus arrive ! Au revoir, Paul.
	(luh bews ah-reev. oh rvwahr pohl)
	The bus is coming! Bye, Paul.
Paul:	Au revoir, Mademoiselle Caron, et bonne journée !
	(oh rvwahr mah-dmwah-zehl kah-rohN ay bohn zhoor-nay)
	Goodbye, Miss Caron. And have a good day!

Grammaire / Grammar

1. JE SUIS/JE NE SUIS PAS / I AM/I AM NOT

No.
Je suis Madame Sorel.
(zhuh swee mah-dahm soh-rehl)
I am Mrs. Sorel.

Je ne suis pas Paul !
(zhuh nuh swee pah pohl)
I am not Paul.

The negative is formed by putting ne (or n' when the verb starts with a vowel or a silent h) before the verb, and pas after the verb. (We have already seen an example of this in the preceding lesson: C'est un stylo – Ce n'est pas un stylo).

Je suis Paul.
I am Paul.

Je ne suis pas Monsieur Sorel.
I am not Mr. Sorel.

Je suis Nathalie Caron.
I am Nathalie Caron.

Je ne suis pas Madame Sorel.
I am not Mrs. Sorel.

2. VOUS ÊTES/VOUS N'ÊTES PAS / YOU ARE/YOU ARE NOT

Êtes-vous Thomas Sorel ?
(eht voo toh-mah soh-rehl)
Are you Thol?

Êtes-vous Nathalie Caron ?
(eht voo nah-tah-lee kah-rohN)
Are you Nathalie Caron?

Êtes-vous Paul ?
(eht voo pohl)
Are you Paul?

The questions listed above are formed by inverting the personal subject pronoun (vous) and the verb (êtes): êtes-vous…?

Vous êtes français. (statement)
You are French.

Êtes-vous français ? (question)
Are you French?

Another way to form the interrogative is by putting the words est-ce que before a statement.

Vous êtes français. (statement)
You are French.

Est-ce que vous êtes français ? (question)
(ehs kuh voo zeht frawN-seh)
Are you French?

Other examples:

Est-ce que vous êtes Thomas Sorel ?
(ehs kuh voo zeht toh-mah soh-rehl)
Are you Thomas Sorel?

Est-ce que vous êtes Paul ?
(ehs kuh voo zeht pohl)
Are you Paul?

Ah ! Vous n'êtes pas Thomas Sorel,
(ah. voo neht pah toh-mah soh-rehl)
Ah! You are not Thomas Sorel,

vous n'êtes pas Nathalie Caron,
(voo neht pah nah-tah-lee kah-rohN)
you are not Nathalie Caron,

vous n'êtes pas Paul,
(voo neht pah pohl)
you are not Paul,

alors qui êtes-vous ?
(ah-lohr kee eht voo)
so who are you?

Répondez :
(ray-pohN-deh:
Answer:

Je suis…
zhuh swee)
I am…

Bien ! Merci.
(beeyehN. mehr-see)
Good! Thank you.

Est-ce que vous êtes belge ? (= Êtes-vous belge ?)
(ehs kuh voo zeht behlzh) (= eht voo behlzh)
Are you Belgian?

Ah ! Vous n'êtes pas belge.
Ah! You are not Belgian.

Est-ce que vous êtes suisse ?
(ehs kuh voo zeht swees)
Are you Swiss?

Non ? De quelle nationalité êtes-vous ?
(nohN. duh kehl nah-seeyoh-nah-lee-tay eht voo)
No? What nationality are you?

Répondez : *(ray-pohN-day)* Answer:	Je suis italien. *(zhuh swee zee-tah-leeyehN)* I am Italian.
ou:	espagnol *(ays-pah-nyohl)* Spanish
	anglais *(awN-gleh)* English
	allemand *(ahl-mawN)* German
	japonais *(zhah-poh-neh)* Japanese
	russe *(rews)* Russian
	américain *(ah-may-ree-kehN)* American

3. IL EST/IL N'EST PAS / **HE IS/HE IS NOT**

il est he is/it is	il n'est pas he is not/it is not

Monsieur Sorel est canadien.
(muh-syuh soh-rehl eh kah-nah-deeyehN)
Mr. Sorel is Canadian.

Il est canadien.
(eel eh kah-nah-deeyehN)
He is Canadian.

Il n'est pas japonais.
(eel neh pah zhah-poh-neh)
He is not Japanese.

Il n'est pas russe.
(eel neh pah rews)
He isn't Russian.

4. ELLE EST/ELLE N'EST PAS / SHE IS/SHE IS NOT

elle est	elle n'est pas
she is/it is	she is not/it is not

Et Mademoiselle Caron ?
(ay mah-dmwah-zehl kah-rohN)
And Miss Caron?

Est-ce qu' elle est russe ?
(ehs kehl eh rews)
Is she Russian?

Non, elle n'est pas russe.
(nohN ehl neh pah rews)
No, she is not Russian.

Elle n'est pas belge.
She isn't Belgian.

Elle n'est pas suisse.
She isn't Swiss.

De quelle nationalité est-elle ?
(duh kehl nah-seeyoh-nah-lee-tay eh tehl)
What nationality is she?

Elle est française.
(ehl eh frawN-sehz)
She is French.

5. FRANÇAIS OU FRANÇAISE? / FRENCH: M OR F?

In the above example, français has become française because it applies to Mademoiselle Caron (feminine). When it is used with a feminine noun, the adjective must be put in the feminine form. Here are the masculine and the feminine forms of some adjectives that we have already encountered:

Masculine	Feminine
français	française
japonais	japonaise
anglais	anglaise

In the feminine form, the last syllable se is pronounced *zz*.

américain	américaine
italien	italienne
canadien	canadienne

In the feminine form, the ending is pronounced like the letter n.

allemand   allemande

In the feminine form, the last syllable de is pronounced: the d is sounded.

espagnol   espagnole

Here, the pronunciation remains the same as for the masculine form.
Exceptionally, some adjectives remain the same in the feminine form:

russe   russe
suisse   suisse
belge   belge

The adjective must always agree with the noun. When the noun is masculine (un), the adjective must be used in its masculine form.

Examples of the masculine indefinite article:

un petit garçon *(uhN puh-tee gahr-sohN)*   a small boy

(On petit, the last consonant, t is not sounded: *puh-tee*)

un grand garçon *(grawN)*   a big boy

un garçon américain   an American boy

un petit stylo   a small pen

un petit livre   a small book

un grand bureau   a large desk

un petit exercice   a little exercise

When the noun is feminine (une), the adjective must be used in its feminine form (frequently adding an e to the masculine form).

Examples of the feminine definite article:

une petite conversation
(The last consonant t is then sounded: *puh-teet*)

The noun conversation is feminine (like all words ending in -tion and -sion), so in the above example, the adjective must be petite (and not petit).

une grande banque

Likewise, the noun banque is feminine, so the adjective must be grande (and not grand). Also:

une petite question	a little question
une petite clé	a small key
une grande boîte	a large box
une petite chaise	a small chair
une petite leçon de français	a little French lesson
une grande école	a big school
une école italienne	an Italian school

6. VERBES (ÊTRE/VENIR/TRAVAILLER/ÉTUDIER) / VERBS (TO BE/TO COME/ TO WORK/TO STUDY)

When learning the conjugation of a new verb, the conjugation will be presented to you with the following subject pronouns in this order:

je	I
tu	you (informal)
il	he/it
elle	she/it
on	one
nous	we
vous	you (formal or plural)
ils *m*/elles *f*	they

We will mention first the infinitive (infinitif) of the verb, and then its conjugation (conjugaison) with the following subject pronouns: je, tu, il/elle, nous, vous, ils/elles.

Notice that vous (**you**) can be used for addressing more than one person. The context will tell you whether vous is meant in the singular form or in the plural form.

Tu is the familiar **you** (singular), used when addressing a friend or a member of one's family.

être *(ehtr)* to be

je suis	je ne suis pas	est-ce que je suis ? (suis-je ?)
tu es	tu n'es pas	est-ce que tu es ? (es-tu ?)
il/elle est	il/elle n'est pas	est-ce qu'il/elle est ? (est-il/elle ?)
nous sommes	nous ne sommes pas	est-ce que nous sommes ? (sommes-nous ?)
vous êtes	vous n'êtes pas	est-ce que vous êtes ? (êtes-vous ?)
ils/elles sont	ils/elles ne sont pas	est-ce qu'ils/elles sont ? (sont-ils/elles ?)

Examples:

Paul n'est pas allemand.
Paul is not German.

Est-ce qu'il est grand ?
Is he tall?

Es-tu fatiguée, Sylvie ?
Are you tired, Sylvie?

Nous ne sommes pas à Québec.
We are not in Quebec.

Bonjour, monsieur ! Bonjour, mademoiselle ! Êtes-vous Paul et Nathalie ?
Hello, sir! Hello, Miss! Are you Paul and Nathalie?

Albert et Nathalie ne sont pas anglais. Ils sont français.
Albert and Nathalie are not English. They are French.

Be careful not to confuse ils sont *(they are)* and ils ont *(they have)*. There is a difference in pronunciation as well as in spelling!

Example:

Ils sont français et ils ont des passeports français.
They are French and they have French passports.

venir *(vuh-neer)* to come

je vien**s**	je ne viens pas	est-ce que je viens ?
tu vien**s**	tu ne viens pas	est-ce que tu viens ? (viens-tu ?)
il/elle vient	il/elle ne vient pas	est-ce qu'il/elle vient ? (vient-il/elle ?)
nous ven**ons**	nous ne venons pas	est-ce que nous venons ? (venons-nous ?)
vous ven**ez**	vous ne venez pas	est-ce que vous venez ? (venez-vous ?)
ils/elles vienn**ent**	ils/elles ne viennent pas	est-ce qu'ils/elles viennent ? (viennent-ils/elles ?)

In the 3 persons je *(I)*, tu *(you, singular)*, and il *(he)*/elle *(she)*, the verb is pronounced the same: *veeyehN*.

Examples:

Venez-vous de Paris ?
(vuh-nay voo duh pah-ree)
Do you come from Paris?/Are you coming from Paris?

Nathalie Caron vient de Bordeaux.
(nah-tah-lee kah-rohN veeyehN duh bohr-doh)
Nathalie Caron comes from Bordeaux.

Est-ce que tu viens avec nous ?
Are you coming with us?

Les amis de Claire viennent ici aujourd'hui.
Claire's friends are coming here today.

Nous ne venons pas ici pour dîner mais pour travailler !
We are not coming here to have dinner, but to work!

travailler *(trah-vie-yay)* to work

je	travaill**e**	je ne travaille pas	est-ce que je travaille ?
tu	travaill**es**	tu ne travailles pas	est-ce que tu travailles ? travailles-tu ?
il	travaill**e**	il ne travaille pas	travaille-t-il ?
elle	travaill**e**	elle ne travaille pas	travaille-t-elle ?
nous	travaill**ons**	nous ne travaillons pas	travaillons-nous ?
vous	travaill**ez**	vous ne travaillez pas	travaillez-vous ?
ils	travaill**ent**	ils ne travaillent pas	travaillent-ils ?

Examples:

Thomas ne travaille pas dans une banque.
(toh-mah nuh trah-vie pah dawN zewn bawNk)
Thomas doesn't work in a bank.

Où travaille-t-il ?
(oo trah-vie teel)
Where does he work?

Note that the letter t appears between the verb and the subject in this interrogative form, for ease of pronunciation. We can also see this in the interrogative of our next verb:

étudier (ay-tew-deeyay) to study

j'	étudie	je n'étudie pas	est-ce que j'étudie ?
tu	étudies	tu n'étudies pas	est-ce que tu étudies ?
			étudies-tu ?
il	étudie	il n'étudie pas	étudie-t-il ?
elle	étudie	elle n'étudie pas	étudie-t-elle ?
nous	étudions	nous n'étudions pas	est-ce que nous étudions ?
vous	étudiez	vous n'étudiez pas	étudiez-vous ?
ils	étudient	ils n'étudient pas	est-ce qu'ils étudient ?

The above examples show yet another small change for phonetic reasons: je becomes j' and ne becomes n' when the following word begins with a vowel or a silent h.

Examples:

Est-ce que j'étudie le français ou le japonais ?
(ehs kuh zhay-tew-dee luh frawN-seh oo luh zhah-poh-neh)
Am I studying French or Japanese?

Notice that j'étudie means I study as well as I am studying, depending on the sentence. This applies to all verbs in the present tense.

Et Nathalie ? Étudie-t-elle à l'école ?
(ay nah-tah-lee. ay-tew-dee tehl ah lay-kohl)
And Nathalie? Does she study at school?

présentations: *introductions*
un arrêt de bus: *a bus stop*
enchanté *m*/**enchantée** *f*:
pleased to meet you
s'il vous plaît: *please*
voici: *here is…*
qui ?: *who?*
la nationalité: *the nationality*
de quelle nationalité: *what nationality…?*
français *m* /**française** *f*:
French (the nationality)
japonais *m* /**japonaise** *f*: *Japanese*
anglais *m* /**anglaise** *f*: *English*
américain *m* /**américaine** *f*: *American*
canadien *m* /**canadienne** *f*: *Canadian*
italien *m* /**italienne** *f*: *Italian*
allemand *m* /**allemande** *f*: *German*
espagnol *m* /**espagnole** *f*: *Spanish*
belge: *Belgian*
suisse: *Swiss*
russe: *Russian*
un verbe: *a verb*
être: *to be*
un infinitif: *an infinitive*
la conjugaison: *the conjugation*
travailler: *to work*
venir: *to come*
étudier: *to study*

une banque: *a bank*
une école: *a school*
une école de langues: *a language school*
une langue: *a language*
le français: *French (the language)*
le japonais: *Japanese (the language)*
le russe: *Russian (the language)*
l'anglais: *English (the language)*
l'italien: *Italian (the language)*
un professeur: *a teacher*
un professeur de français:
a teacher of French/a French teacher
une leçon de français: *a French lesson*
moi: *me*
ici: *here*
où: *where (not to be confused with*
ou *meaning "or")*
de: *from/of*
aujourd'hui: *today*
dîner: *to have dinner*
d'où: *from where*
(d'où *is a contraction of* **de** *and* **où***)*
Bonne journée !: *Have a nice day!*
ce *m* /**cette** *f*: *this*

Examples: J'étudie ce verbe. *I am studying this verb (masculine).*
Cette banque est à Paris. *This bank (feminine) is in Paris.*

Exercices / Exercises

Exercise A

S'IL VOUS PLAÎT, RÉPONDEZ !

Answer these questions about yourself in French.

Exemple: Êtes-vous professeur de français ?
Non, je ne suis pas professeur de français.

1 Est-ce que vous êtes de Paris ?

....

2 Est-ce que vous êtes de Genève ?

....

3 Êtes-vous français (ou française) ?

....

4 Venez-vous de Marseille ?

....

5 Est-ce que vous travaillez à Bordeaux ?

....

6 Étudiez-vous le français ?

....

7 Est-ce que vous étudiez le français dans une banque ?

....

8 Qui êtes-vous et d'où venez-vous ?

....

Exercise B

CHOISISSEZ L'ADJECTIF APPROPRIÉ

Choose the appropriate adjective.

Example : Voici un petit exercice ! (petit/petite)

1 Mademoiselle Carmen est ....

(mexicain/mexicaine)

2 Monsieur Giuseppe Rossi n'est pas ....

(anglais/anglaise)

3 Est-ce que Madame Schmidt est ? ....

(allemand/allemande)

4 Vous étudiez un livre de ....

(français/française)

5 Est-ce que le bureau de Monsieur Sorel est? ....

(grand/grande)

6 Ce livre est ....

(petit/petite)

7 La chaise de Paul aussi est ....

(petit/petite)

8 Nathalie Caron n'est pas très ....

(grand/grande)

3. Getting Around

Lesson 3 introduces more verbs to aid your conversation skills. The dialogue focuses on travel and the vocabulary you need to talk about it. You will already learn how to say things in the negative and you will get used to asking questions.

NATHALIE PART EN VOYAGE. NATHALIE GOES ON A TRIP.

Paul: Nathalie, avez-vous un billet d'avion ?
(nah-tah-lee ah-vay voo uhN bee-yeh dah-veeyohN)
Nathalie, do you have a plane ticket?

Nathalie: Oui Paul, j'ai un billet d'Air France. Il est dans le sac.
(wee pohl zheh uhN bee-yeh dehr frawNs. eel eh dawN luh sahk)
Yes Paul, I have an Air France ticket. It's in the bag.

Paul: Vous avez aussi une valise ?
(voo zah-vay oh-see ewn vah-leez nehs pah)
Do you also have a suitcase?

Nathalie: Oui, bien sûr ! Je voyage avec une grande valise. Dans la valise, j'ai une jupe, un manteau, deux ou trois chemises, etc.
(wee beeyehN sewr. zhuh vwah-yahzh ah-vehk ewn grawNd vah-leez. dawN la vah-leez zheh ewn zhewp uhN mawN-toh duh zoo trwah shuh-meez ayt-say-tay-rah)
Yes, of course! I travel with a large suitcase. In the suitcase, I have a skirt, a coat, two or three shirts, etc.

Paul:	Est-ce que vous avez un passeport ?
	(ehs kuh voo zah-vay uhN pahs-pohr)
	Do you have a passport?
Nathalie:	Non, je n'ai pas de passeport, mais j'ai une carte d'identité.
	(nohN zhuh neh pah duh pahs-pohr meh zheh ewn kahrt dee-dawN-tee-tay)
	No, I don't have a passport, but I have an identity card.
Paul:	Ah, bon. Et où allez-vous ? À Marseille ?
	(ah bohN. ay oo ah-lay voo. ah mahr-sey)
	Ah, OK. And where are you going? To Marseille?
Nathalie:	Non, je ne vais pas à Marseille. Je vais à Bordeaux.
	(nohN zhuh nveh pah zah mahr-sey. zhuh veh zah bohr-doh)
	No, I'm not going to Marseille. I'm going to Bordeaux.
Paul:	Est-ce que vous prenez le métro, pour aller à l'aéroport ?
	(ehs kuh voo pruh-nay luh may-troh poor ah-lay ah lah-ay-roh-pohr)
	Do you take the subway to go to the airport?
Nathalie:	Non, je prends un taxi. *(nohN zhuh prawN uhN tah-ksee)*
	No, I take a cab.
Paul:	Quand partez-vous ? Aujourd'hui ?
	(kawN pahr-tay voo. oh-zhoor-dwee)
	When are you leaving? Today?
Nathalie:	Non, non, je pars demain. *(nohN nohN zhuh pahr duh-mehN)*
	No, no, I'm leaving tomorrow.
Paul:	À quelle heure ? *(ah kehl uhr)*
	At what time?
Nathalie:	À trois heures. Vous êtes très curieux, Paul !
	(ah trwah zuhr. voo zeht treh kew-ree-uh pohl)
	At three o'clock. You are very nosy, Paul!
Paul:	Mais vous revenez bientôt, n'est-ce pas ?
	(meh voo ruh-vnay beeyehN-toh nehs-pah)
	But you are coming back soon, right?
Nathalie:	Oui, je reviens dans une semaine. J'ai beaucoup de travail ici. C'est tout ? *(wee zhuh ruh-veeyehN dawN zewn suh-mehn. zheh boh-koo duh trah-vie ee-see. seh too)*
	Yes, I'm coming back in a week. I have a lot of work here. Is that all?
Paul:	Oui. Bon voyage, Nathalie ! À bientôt !
	(wee. bohN vwah-yahzh nah-tah-lee. ah beeyehN-toh)
	Yes. Have a good trip, Nathalie! See you soon!
Nathalie:	À bientôt, Paul ! Travaillez bien !
	(ah beeyehN-toh pohl. trah-vie-yay beeyehN)
	See you soon, Paul! Keep up the good work!

Grammaire / Grammar

1. J'AI/JE N'AI PAS / I HAVE/I DO NOT HAVE

j'ai
(zheh)
I have

je n'ai pas
(zhuh neh pah)
I don't have

J'ai une valise.
(zheh ewn vah-leez)
I have a suitcase.

Je n'ai pas de passeport.
(zhuh neh pah duh pahs-pohr)
I don't have a passport.

Notice the use of the preposition de after an absolute negative: Je n'ai pas de passeport, instead of un passeport.

Other examples of this:

Je n'ai pas de stylo.
(zhuh neh pah duh stee-loh)
I don't have a pen.

Je n'ai pas de clé.
(zhuh neh pah duh klay)
I don't have a key.

To express the interrogative "Have I...?" or "Do I have...?", the inversion ai-je is not used (too formal). Use the form est-ce que + statement.

Est-ce que j'ai un billet ?
(ehs kuh zheh uhN bee-yeh)
Do I have a ticket?

2. VOUS AVEZ/VOUS N'AVEZ PAS / YOU HAVE/YOU DO NOT HAVE

vous avez
(voo zah-vay)
you have

vous n'avez pas
(voo nah-vay pah)
you don't have

Est-ce que vous avez un passeport ?
(es kuh voo zah-vay uhN pahs-pohr)
Do you have a passport?

Avez-vous un stylo ?
(ah-vay voo uhN stee-lo)
Do you have a pen?

Avez-vous un livre ?
(ah-vay voo uhN leevr)
Do you have a book?

Qu'est-ce que vous avez dans le sac ?
(kehs kuh voo zah-vay dawN luh sahk)
What do you have in the bag?

J'ai un billet d'avion.
I have a plane ticket.

Bien ! Merci.
Good! Thank you.

3. IL A/IL N'A PAS / HE HAS/HE DOES NOT HAVE

il a	il n'a pas
(eel ah)	*(eel nah pah)*
he/it has	he/it does not have

Monsieur Sorel a un livre.
(muh-syuh soh-rehl ah uhN leevr)
Mr. Sorel has a book.

Il a un livre.
(eel ah uhN leevr)
He has a book.

Il n'a pas de stylo.*
(eel nah pah duh stee-loh)
He doesn't have a pen.

*Notice again the absolute negative: pas de stylo (instead of un stylo).

4. ELLE A/ELLE N'A PAS / SHE HAS/SHE DOES NOT HAVE

elle a	elle n'a pas
(ehl ah)	*(ehl nah pah)*
she/it has	she/it does not have

Et Mademoiselle Caron ?
(ay mah-dmwah-zel kah-rohN)
And Miss Caron?

Est-ce qu'elle a une valise ?
(ehs kehl ah ewn vah-leez)
Does she have a suitcase?

Est-ce qu'elle a une jupe et un manteau ?
(ehs kehl ah ewn zhewp eh uhN mawN-toh)
Does she have a skirt and a coat?

Est-ce qu'elle a un passeport ?
(ehs kehl ah uhN pahs-pohr)
Does she have a passport?

Non, elle n'a pas de passeport.
(nohN ehl nah pah duh pahs-pohr)
No, she doesn't have a passport.

Elle n'a pas de livre.
She doesn't have a book.

Elle n'a pas de clé.
She doesn't have a key.

5. LE/LA / THE (M OR F)

le *(luh)* is masculine:

un manteau	Quel manteau ?	Le manteau de Nathalie !
(uhN mawN-toh)	*(kehl mawN-toh)*	*(luh mawN-toh duh nah-tah-lee)*
a coat	Which coat?	Nathalie's coat!
		[The coat of Nathalie]
un sac	Quel sac ?	Le sac de Nathalie !
(uhN sahk)	*(kehl sahk)*	*(luh sahk duh nah-tah-lee)*
a bag	Which bag?	Nathalie's bag!

Notice the form le manteau de Nathalie. The possessive case with s in English (Nathalie's coat, Nathalie's bag) does not exist in French. In order to express possession, use the preposition de (of) and then the name of the possessor.

Other examples of the masculine definite article:

Le petit garçon, c'est Paul.
(luh puh-tee gahr-sohN seh pohl)
The small boy is Paul.

The repetition of the subject (le garçon, c'est Paul) is very common in French, much more so than in English.

Le monsieur, c'est Monsieur Sorel. Il est canadien.
(luh muh-syuh seh muh-syuh soh-rehl. eel eh kah-nah-deeyehN)
The gentleman is Mr. Sorel. He is Canadian.

Voici le livre. Il est petit.
Here is the book. It is small.

Voici le bureau. Il est très grand.
Here is the desk. It is very large.

Notice, in our last two examples, **il** is used for **it** (the desk or the book, since both words are masculine in French) as well as for **he** (Paul or Mr. Sorel).

More examples of this:

J'ai le billet. Il est ici !
(zheh luh bee-yeh. eel eh tee-see)
I have the ticket. It is here!

Où est le manteau ? Il n'est pas dans le sac.
(oo eh luh mawN-toh. eel neh pah dawN luh sahk)
Where is the coat? It's not in the bag.

la *(lah)* is feminine:

une valise	Quelle valise ?	La valise de Nathalie !
(ewn vah-leez)	*(kehl vah-leez)*	(lah vah-leez duh nah-tah-lee)
a suitcase	Which suitcase?	Nathalie's suitcase!
une question	Quelle question ?	La question de Paul.
(ewn kehs-teeyohN)	*(kehl kehs-teeyohN)*	*(lah kehs-teeyohN duh pohl)*
a question	What question?	Paul's question.

Other examples of the feminine definite article:

Est-ce que vous avez la grande valise ?
Do you have the large suitcase?

Quelle est la réponse ?
(kehl eh lah reh-pohNs)
What is the answer?

Quelle banque ? La banque où je travaille.
Which bank? The bank where I work.

Et la petite clé ? Où est-elle ?
How about the small key? Where is it?

Notice, in our last two examples, **elle** translates **it** (the key or the bank, since both words are feminine in French), as well as **she**.

L' is used before both masculine and feminine nouns starting with a vowel or a silent **h**.

un aéroport	l'aéroport de Paris
(uhN nah-ay-roh-pohr)	*(lah-ay-roh-pohr duh pah-ree)*
an airport	the airport of Paris/the Paris airport
une école	l'école où Paul étudie
(ewn ay-kohl)	*(lay-kohl oo pohl ay-tew-dee)*
a school	the school where Paul studies

Other examples of the definite article **L'**:

J'étudie le verbe être, et l'autre verbe, c'est le verbe avoir.
(zhay-tew-dee luh vehrb ehtr ay loh-truh vehrb seh luh vehrb ah-vwahr)
I am studying the verb "to be," and the other verb is the verb "to have."

Je prends l'avion demain.
(zhuh prawN lah-veeyohN duh-mehN)
I'm taking the plane tomorrow.

In the last example above, notice another similar omission of the final vowel. This time it occurs in the preposition **de** (of), which becomes **d'** (as in **d'Air France**). As when le or la become **l'**, this happens when the following word begins with a vowel or a silent **h**.

6. VERBES (AVOIR/VOYAGER/PARTIR/PRENDRE/ALLER) / VERBS (TO HAVE/TO TRAVEL/TO LEAVE/TO TAKE/TO GO)

avoir *(ah-vwahr)* to have

j'ai	je n'ai pas	est-ce que j'ai ? (ai-je ?)
tu as	tu n'as pas	est-ce que tu as ? (as-tu ?)
il/elle a	il/elle n'a pas	est-ce qu'il/elle a ? (a-t-il/elle ?)
nous avons	nous n'avons pas	est-ce que nous avons ? (avons-vous ?)
vous avez	vous n'avez pas	est-ce que vous avez ? (avez-vous ?)
ils/elles ont	ils/elles n'ont pas	est-ce qu'ils ont ? (ont-ils/elles ?)

Just like être in the preceding lesson, avoir is an **irregular verb** (a verb whose stem sometimes changes).

Je n'ai pas de billet.
(zhuh neh pah duh bee-yeh)
I don't have a ticket.

Est-ce que Paul a une valise ?
Does Paul have a suitcase?

Remember that vous (you) can be used for addressing more than one person. The context will tell whether vous is meant in the singular form or in the plural form. Tu is the familiar you (singular), used when addressing a friend or a member of one's family.

Tu as un billet, Sylvie ? Tu viens avec nous ?
Do you have a ticket, Sylvie? Are you coming with us?

Now, here are examples with the subject pronouns ils *(they, masculine),* elles *(they, feminine),* and nous *(we).*

Est-ce que M. Sorel et Paul ont des livres ? Ont-ils des stylos ?
Do Mr. Sorel and Paul have books? Do they have pens?

Mme Sorel et Sylvie ont des valises. Elles n'ont pas rendez-vous ce soir.
Mrs. Sorel and Sylvie have suitcases. They don't have a meeting this evening.

Vous et moi, nous avons beaucoup de travail aujourd'hui.
You and I, we have a lot of work today.

Nous n'avons pas la clé de la valise.
We don't have the key to the suitcase.

Est-ce que nous avons une valise ?
Do we have a suitcase?

Avons-nous un sac ?
Do we have a bag?

---

voyager *(vwah-yah-zhay)* to travel

je voyage	je ne voyage pas	est-ce que je voyage ?
tu voyages	tu ne voyages pas	est-ce que tu voyages ?
il/elle voyage	il/elle ne voyage pas	est-ce qu'il/elle voyage ?
nous voyageons*	nous ne voyageons* pas	est-ce que nous voyageons* ?
vous voyagez	vous ne voyagez pas	est-ce que vous voyagez ?
ils/elles voyagent	ils/elles ne voyagent pas	est-ce qu'ils/elles voyagent ?

*In the nous form, an extra e is added for pronunciation purposes only.
Just like travailler and étudier in the preceding lesson, voyager is a regular verb (a verb whose stem remains unchanged; the er ending is the only part of the verb that changes).

Vous voyagez avec une petite valise.
(voo vwah-yah-zhay ah-vehk ewn puh-teet vah-leez)
You travel with a small suitcase.

---

partir *(pahr-teer)* to depart/leave/go away

je pars	je ne pars pas	est-ce que je pars ?
tu pars	tu ne pars pas	est-ce que tu pars ? pars-tu ?
il/elle part	il/elle ne part pas	part-il/elle ?
nous partons	nous ne partons pas	partons-nous ?
vous partez	vous ne partez pas	partez-vous ?
ils/elles partent	ils/elles ne partent pas	partent-ils/elles ?

Pars and part are pronounced the same: *pahr*. Partez is pronounced *pahr-teh*.

Thomas ne part pas en voyage.
(toh-mah nuh pahr pah awN vwah-yahzh)
Thomas is not going on a trip.

Je pars demain.
(zhuh pahr duh-mehN)
I am leaving tomorrow.

---

prendre *(prawNdr)* to take

je prends	je ne prends pas	est-ce que je prends… ?
tu prends	tu ne prends pas	prends-tu ?
il/elle prend	il/elle ne prend pas	prend-il/elle ?
nous prenons	nous ne prenons pas	prenons-nous ?
vous prenez	vous ne prenez pas	prenez-vous ?
ils/elles prennent	ils/elles ne prennent pas	prennent-ils/elles ?

Prends and prend are pronounced the same: *prawN*. Prenez is pronounced *pruh-nay*.

Examples:

Est-ce que je prends l'avion avec vous ?
(ehs kuh zhuh prawN lah-veeyohN ah-vehk voo)
Am I taking the plane with you?

Prenez-vous le métro pour aller au bureau ?
(pruh-nay voo luh may-troh poor ah-lay oh bew-roh)
Do you take the subway to go to the office?

Comment allez-vous ? (How are you?) is an idiomatic expression that uses the verb aller in a figurative way. Most of the time, though, aller is used in its literal meaning: to go.

Allez-vous à Paris ?
(ah-lay voo ah pah-ree)
Are you going to Paris?

Nathalie va à l'aéroport.
(nah-tah-lee vah ah lah-ay-roh-pohr)
Nathalie is going to the airport.

Aller is therefore the opposite of venir (seen in the previous lesson).

Paul vient de Londres et Nathalie va à Bordeaux.
(veeyehN) (vah)
Paul comes from London and Nathalie goes to Bordeaux.

Aller is even more irregular than prendre and changes its stem through the conjugation.

---

aller *(ah-lay)* **to go**

je vais	je ne vais pas	est-ce que je vais… ?
tu vas	tu ne vas pas	est-ce que tu vas ? (vas-tu ?)
il/elle va	il/elle ne va pas	est-ce qu'il/elle va ? (va-t-il/elle ?)
nous allons	nous n'allons pas	est-ce que nous allons ? (allons-nous ?)
vous allez	vous n'allez pas	est-ce que vous allez ? (allez-vous ?)
ils/elles vont	ils/elles ne vont pas	est-ce qu'ils/elles vont ? (vont-ils/elles ?)

Be careful not to confuse aller with avoir (to have):
j'ai, il a, vous avez
revenir (same as venir, with the prefix re-)
(ruh-vuh-neer) to come back

Nathalie revient de Bordeaux dans une semaine.
(nah-tah-lee ruh-veeyehN duh bohr-doh dawN zewn suh-mehn)
Nathalie is coming back from Bordeaux in a week.

Est-ce que vous revenez ici demain ?
(ehs kuh voo ruh-vnay ee-see duh-mehN)
Are you coming back here tomorrow?

Je reviens de la banque.
I'm coming back from the bank.

Où vas-tu ce soir, Claire ?
Where are you going this evening, Claire?

Note: be careful not to confuse ils vont (they go) and ils ont (they have)!

M. et Mme Sorel ont des passeports, mais ils ne vont pas à Tokyo.
Mr. and Mrs. Sorel have passports, but they are not going to Tokyo.

partir: *to depart/to leave (go away)*

à: *to/at*

à Marseille:
to Marseille/at Marseille – in Marseille

à Bordeaux: *to Bordeaux/in Bordeaux*

partir en voyage: *to go on a trip*

voyager: *to travel*

un voyage: *a trip/a journey*

Bon voyage !: *Have a good trip!*

revenir: *to come back*

quand: *when*

à quelle heure ?: *at what time?*
[Lit: at which hour?]

à trois heures: *at three o'clock*

une semaine: *a week*

demain: *tomorrow*

aujourd'hui: *today*

avoir: *to have*

une valise: *a suitcase*

un sac: *a bag*

une jupe: *a skirt*

un manteau: *a coat/an overcoat*

une chemise: *a shirt*

un passeport: *a passport*

une carte: *a card*

une carte d'identité: *an identity card*

un billet: *a ticket*

un billet d'avion: *a plane ticket*

d' (= de): *of/from*

un avion: *a plane*

un taxi: *a taxi/a cab*

le métro: *the subway train*

un ticket de métro: *a subway ticket*

aller: *to go*

pour aller: *in order to go*

un aéroport: *an airport*

prendre: *to take*

prendre le métro: *to take the subway*

prendre l'avion:
to take the plane/to fly (on a plane)

prendre un taxi: *to take a cab*

travailler: *to work*

le travail: *(the) work*

beaucoup de travail: *a lot of work*

beaucoup: *a lot*

beaucoup de: *a lot of*

beaucoup de livres: *a lot of books*

Travaillez !: *Work! (the command form, also called the imperative)*

Travaillez bien !:
Work well!/Keep up the good work!

bien sûr: *of course/sure*

avec: *with*

Ah bon !: *Ah, OK!*

très: *very*

curieux/curieuse: *curious/nosy*

n'est-ce pas ?: *right?*

dans: *in*

une semaine: *a week*

dans une semaine: *in a week*

tout: *all*

un ami *m***/une amie** *f***:** *a friend*

une clé: *a key*

C'est tout ? (= Est-ce que c'est tout ?):
Is that all?

Exercices / Exercises

Exercise A

RÉPONDEZ D'APRÈS LE DIALOGUE DE LA LEÇON 3

Answer these questions using the Lesson 3 dialogue.

Exemple: Est-ce que Nathalie part en voyage?
Oui, elle part en voyage.

1 Où va-t-elle ?

....

2 Part-elle dans une semaine ?

....

3 Quand part-elle ?

....

4 À quelle heure part-elle ?

....

5 Est-ce qu'elle a un passeport ou une carte d'identité ?

....

6 Est-ce qu'elle voyage avec une valise ?

....

7 Est-ce que la valise de Nathalie est petite ?

....

8 Et vous ? Partez-vous en voyage avec Nathalie ?

....

9 Est-ce que Nathalie a un billet d'avion ?

....

10 Est-ce que ce billet est dans la valise ou dans le sac ?

....

11 Pour aller à l'aéroport, est-ce que Nathalie prend le métro ?

....

12 Qu'est-ce qu'elle prend ?

....

13 Quand revient-elle de Bordeaux ?

....

14 Paul est curieux, n'est-ce pas ?

....

15 Est-ce que vous travaillez bien avec ce livre ?

....

4. Conversations

This lesson focuses on conversation skills and phone calls in particular. It's often harder to converse by phone than to speak to someone face-to-face as you cannot use gestures to help yourself be understood. Take the time to listen to the audio and practice repeating it out loud.

QUEL JOUR SOMMES-NOUS AUJOURD'HUI ? WHAT DAY IS IT TODAY?

De chez elle, Madame Claire Sorel, la femme de Thomas Sorel, téléphone à un ami.
From her home, Mrs. Claire Sorel, wife of Thomas Sorel, is calling a friend on the phone.

Mme Sorel:	Allô, Éric ? Bonjour ! Comment vas-tu ?
	Moi, je vais bien, merci. Je suis à la maison.
	Quel jour sommes-nous aujourd'hui ? Jeudi ?
	Hello, Éric? How are you?
	I'm fine, thanks. I'm at home. What day is it today? Thursday?
l'ami, au téléphone:	Jeudi ? Mais non, nous ne sommes pas jeudi ! J'ai un
	calendrier sur mon bureau. Aujourd' hui, nous sommes vendredi.
	Thursday? No, it's not Thursday! I have a calendar on my desk.
	Today is Friday.
Mme Sorel:	Vendredi ? Déjà ? C'est vrai.
	Friday? Already? It's true.

l'ami, au téléphone:	Eh bien ? Qu'est-ce qu'il y a, vendredi ?
	So? What about Friday?
Mme Sorel:	Eh bien, ce soir, Thomas et moi, nous avons rendez-vous avec des amis… Oh, ce sont des amis du bureau. Ils sont trois : il y a Édouard, Robert et Valérie. Ils sont très gentils.
	Well, this evening, Thomas and I are meeting some friends… Oh, they are friends from the office. There are three of them: there is Édouard, Robert and Valérie. They are very nice.
l'ami, au téléphone:	C'est super ! Où allez-vous ?
	That's great! Where are you going?
Mme Sorel:	D'abord, nous allons au théâtre. Tu viens avec nous ?
	First we're going to the theater. Are you coming with us?
l'ami, au téléphone:	Non, merci. Pas de théâtre pour moi, ce soir. Je suis fatigué.
	No thank you. No theater for me tonight. I'm tired.
Mme Sorel:	Il y a une très bonne pièce à la Comédie-Française. Ensuite, nous allons dîner au restaurant. Ce restaurant est sur la rive gauche, dans le Quartier latin… Mais quelle heure est-il, maintenant ?
	There is a very good play at the Comédie-Française. Then we are going to have dinner at the restaurant. This restaurant is on the left bank, in the Latin Quarter… But what time is it now?
l'ami, au téléphone:	Il est six heures. C'est bientôt l'heure de partir.
	It's six o'clock. It will be time to leave soon.
Mme Sorel:	Comment ? Il est déjà six heures ? Les amis de Thomas viennent à six heures et demie ! Au revoir, Éric !
	What? It's already six o'clock? Thomas's friends are coming at half-past six! Goodbye, Éric!
l'ami, au téléphone:	Au revoir, Claire ! Bonne soirée.
	Goodbye, Claire! Have a nice evening.

Grammaire / Grammar

1 DES / SOME

un/une –des

J'ai un stylo. – J'ai des stylos.
I have a pen. – I have pens/I have some pens.

J'ai une clé. – J'ai des clés.
I have a key. – I have keys.

In the indefinite plural, the article des is mandatory (unlike some in English). The plural is generally formed by adding an s to the noun (stylos, clés).

Je pars avec un ami. – Je pars avec des amis.
I am leaving with a friend. – I am leaving with friends.

J'étudie une pièce de théâtre. – J'étudie des pièces de théâtre.
I am studying a play. – I am studying some plays.

Nathalie a une chemise dans la valise. – Nathalie a des chemises dans la valise.
Nathalie has a shirt in the suitcase. – Nathalie has shirts in the suitcase.

This s is not pronounced, except in the cases where the following word begins with a vowel or a mute h. The final s is then pronounced as a soft z linking the two words (as it is between des and amis).

Example of linkage (liaison):

J'ai des amis à Paris.
I have friends in Paris.

If there is an adjective, it would also take the form of the plural (s usually).

Voici un restaurant italien. – Voici des restaurants italiens.
Here is an Italian restaurant. – Here are some Italian restaurants.

When restaurant is used in the plural (des restaurants), the adjective italien has to be put in the plural too (italiens).

Est-ce que vous avez des billets pour ce soir ?
Do you have tickets for this evening?

Oui, j'ai des billets pour ce soir.
Yes, I have tickets for this evening.

But in the negative, remember to use de (as we have seen in the preceding lesson):

Non, je n'ai pas de billets pour ce soir.
No, I don't have any tickets for this evening.

2. IL Y A/IL N'Y A PAS / THERE IS/THERE IS NOT

Notice that il y a (which means there is/there are) uses the verb to have in French.

Il y a un billet d'avion dans le sac.
There is a plane ticket in the bag.

Est-ce qu'il y a un calendrier sur le bureau ?
Is there a calendar on the desk?

Non, il n'y a pas de calendrier sur le bureau.
No, there is no calendar on the desk.

Qu'est-ce qu'il y a sur le bureau ?
What is there on the desk?

Il y a un stylo et une clé sur le bureau !
There's a pen and a key on the desk!

Qu'est-ce qu'il y a dans la valise de Nathalie ?
What is there in Nathalie's suitcase?

3. LES / THE (PLURAL)

le/la/l' –les

Je prends le billet. – Je prends les billets.
I am taking the ticket. – I am taking the tickets.

Avons-nous la clé ? – Avons-nous les clés ?
Do we have the key? – Do we have the keys?

Voici l'ami italien de M. et Mme Sorel. – Voici les amis italiens de M. et Mme Sorel.
Here is Mr. and Mrs. Sorel's Italian friend. – Here are Mr. and Mrs. Sorel's Italian friends.

Other examples:

Dans cette valise, il y a les chemises de Nathalie.
In this suitcase, there are Nathalie's shirts.

Je prends les deux billets.
I'm taking the two tickets.

4. PREPOSITIONS / PREPOSITIONS (A/AU/DE/D'/DU)

à
to, at

Je vais à la banque.
I am going to the bank.

à la maison
to the house

Vous allez à l'hôtel.
You are going to the hotel.

à + le = au *(mandatory contraction)*
to the

Je vais au théâtre.
I am going to the theater.

au cinéma
to the movie theater

au restaurant
to the restaurant

Here we use au because these words are masculine (le théâtre, le cinéma, le restaurant, le bar, le parc, le musée).

de (or d')
of, from

C'est le bureau de Madame Sorel.
It's Mrs. Sorel's desk.

Here, de means *of*. It indicates the idea of possession (le bureau de Mme. Sorel: literally, the desk of Mrs. Sorel)

De can also indicate a description:

un numéro de téléphone/un numéro de dossier/un numéro de Sécurité sociale
a phone number/a file number/a Social Security number

Est-ce que vous avez un billet d'avion ? Un billet de 10 euros ?
Do you have a plane ticket? A 10 euros bill?

The following examples show de meaning from:

Je reviens de l'hôtel.
I am coming back from the hotel.

M. Sorel vient de Montréal.
Mr. Sorel comes from Montreal.

D'où venez-vous ?
Where do you come from? (d'où ?: from where?)

The preposition de can also be part of an expression, such as the expression of quantity beaucoup de (a lot of).

Example:

Nous avons beaucoup de travail aujourd'hui.
We have a lot of work today.

de + le = du *(mandatory contraction)*
from the, of the

Je reviens du théâtre.
I'm coming back from the theater.

du cinéma
from the movie theater

du restaurant
from the restaurant

As we have used au (to the), here we are using du because of the masculine words that follow (le théâtre, le cinéma, le restaurant, le bar, le parc, le musée).

Other examples of du:

le bureau du professeur
the teacher's desk

le numéro du passeport
the passport number

5. NOMBRES / NUMBERS (1-10, 20, 25)

1	2	3	4	5
un	deux	trois	quatre	cinq
one	two	three	four	five

6	7	8	9	10
six	sept	huit	neuf	dix
six	seven	eight	nine	ten

Il n'y a pas huit ou neuf pages dans ce livre !
There are not eight or nine pages in this book!

Il y a beaucoup, beaucoup de pages !
There are many, many pages!

À la page numéro quatre.
On page number four.

20	25
vingt	vingt-cinq
twenty	twenty-five

Dans le sac de Nathalie, il y a vingt-cinq euros.
In Nathalie's bag, there are twenty-five euros.

6. QUELLE HEURE EST-IL ? / WHAT TIME IS IT?

Quelle heure est-il ?
What time is it?

Il est une heure. Il est 1h00.
It is one o'clock. It is 1:00.

Il est deux heures.
It is two o'clock.

Il est deux heures cinq.
It is five past two.

Il est deux heures dix.
It is ten past two.

Il est deux heures et quart.
It is a quarter past two.

Il est deux heures vingt.
It is twenty past two.

Il est deux heures vingt-cinq.
It is twenty-five past two.

Il est deux heures et demie.
It is half past two.

Il est quatre heures moins cinq.
It is five to four.

Il est six heures dix.
It is ten past six.

Il est sept heures et quart.
It is a quarter past seven.

Il est huit heures et demie.
It is half past eight.

7. C'EST/CE SONT / **THIS IS/THESE ARE**

C'est une maison. – Ce sont des maisons.
This is a house. – These are houses.

C'est le livre de Paul. – Ce sont les livres de Paul.
This is Paul's book. – These are Paul's books.

8. CE N'EST PAS/CE NE SONT PAS / **THIS IS NOT/THESE ARE NOT**

Ce n'est pas la clé du professeur. – Ce ne sont pas les clés du professeur.
This is not the teacher's key. – These are not the teacher's keys.

Ce n'est pas un stylo. – Ce ne sont pas des stylos.
This is not a pen. – These are not pens.

Est-ce que ce sont les clés du bureau ?
Are these the keys to the office?

Non, ce ne sont pas les clés du bureau.
No, they are not the keys to the office.

Est-ce que ce sont des boîtes de chocolats ?
Are these boxes of chocolates?

Oui, ce sont des boîtes de chocolats.
Yes, these are boxes of chocolates.

9. L'ACCORD DES ADJECTIFS / THE AGREEMENT OF ADJECTIVES

We have seen earlier that the adjective agrees in gender (masculine/feminine) with the noun it modifies. And we just saw that it also agrees in number (singular/plural). Therefore, each adjective may have up to four different forms:

masculine singular/feminine singular/masculine plural/feminine plural

Here are the four different forms of the adjectives that we have encountered so far:

bon/bonne/bons/bonnes
good

Ce soir, il y a un bon film à la télévision.
Tonight, there is a good movie on television.

Il y a une bonne pièce de théâtre à la Comédie-Française.
There is a good play at the Comédie-Française.

Est-ce que les restaurants sont bons dans ce quartier ?
Are the restaurants good in this neighborhood?

Les réponses ne sont pas très bonnes.
The answers are not very good.

mauvais/mauvaise/mauvais/mauvaises
bad

Paul n'est pas un mauvais garçon.
Paul is not a bad kid.

petit/petite/petits/petites
small, little

Les amis de Paul sont petits.
Paul's friends are little.

grand/grande/grands/grandes
big, large

Quels sont les grands musées à Paris ?
What are the large museums in Paris?

gentil/gentille/gentils/gentilles
nice, kind

Les amis de M. Sorel sont très gentils.
Mr. Sorel's friends are very nice.

parfait/parfaite/parfaits/parfaites
perfect
Cette réponse est parfaite !
This answer is perfect!

français/française/français/françaises
French

japonais/japonaise/japonais/japonaises
Japanese

anglais/anglaise/anglais/anglaises
English

américain/américaine/américains/américaines
American

italien/italienne/italiens/italiennes
Italian

canadien/canadienne/canadiens/canadiennes
Canadian

allemand/allemande/allemands/allemandes
German

espagnol/espagnole/espagnols/espagnoles
Spanish

chinois/chinoise/chinois/chinoises
Chinese

russe/russe/russes/russes
Russian

suisse/suisse/suisses/suisses
Swiss

belge/belge/belges/belges
Belgian

Note that there are a few exceptions in how some masculine and/or feminine adjectives are formed:

Example:

curieux/curieuse/curieux/curieuses
curious, nosy

Les amis de Paul sont curieux.
Paul's friends are curious.

Vocabulaire / Vocabulary

Mme, *as in* **Mme Sorel (Madame Sorel):** *Mrs.*

M., *as in* **M. Sorel (Monsieur Sorel):** *Mr.*

Mlle, *as in* **Mlle Caron (Mademoiselle Caron):** *Miss*

le téléphone: *the phone*

être au téléphone: *to be talking on the phone*

téléphoner: *to telephone, to call*

  Notice: **Mme Sorel téléphone à Sylvie.**

  Mrs. Sorel telephones Sylvie.
  ("to" Sylvie, in French)

Allô ?: *Hello? (on the phone only)*

la poste: *the post office*

un hôtel: *a hotel*

un cinéma: *a movie theater*

un bar: *a bar*

un parc: *a park*

un musée: *a museum*

un théâtre: *a theater*

une pièce de théâtre: *a stage play*

la maison: *the house*

chez Mme Sorel: *at Mrs. Sorel's home*

chez elle: *at her home/at her house*

chez moi: *at my house*

chez vous: *at your house*

la femme: *the wife, the woman*

le mari: *the husband*

un ami *m*/**une amie** *f*: *a friend*

un jour: *a day*

aujourd'hui: *today*

ce soir: *this evening*

une soirée: *an evening (an outing, reception, etc.)*

Bonne soirée !: *Have a nice evening!*

un rendez-vous: *a meeting of two or more people (not necessarily a date), appointment*

Quelle heure est-il ?: *What time is it?*

maintenant: *now*

une heure: *an hour*

et demie: *and a half*

et quart: *and a quarter*

…moins le quart: *a quarter to…*

un calendrier: *a calendar*

lundi: *Monday*

mardi: *Tuesday*

mercredi: *Wednesday*

jeudi: *Thursday*

vendredi: *Friday*

samedi: *Saturday*

dimanche: *Sunday*

sur: *on*

sur le bureau: *on the desk*

sur la rive gauche: *on the left bank*

sur la rive droite: *on the right bank*

gauche: *left*

droit *m*/**droite** *f*: *right*

à gauche: *on the left*

à droite: *on the right*

déjà: *already*

vrai *m*/**vraie** *f*: *true*

faux *m*/ **fausse** *f*: *false*

Eh bien ?: *So?*

Eh bien,…: *Well,…*

il y a: *there is/there are*

il n'y a pas: *there isn't/there aren't*

y a-t-il… ? (or est-ce qu'il y a… ?): *is there/ are there…?*

gentil *m*/**gentille** *f*: *nice*

super: *great*

d'abord: *first of all/in the first place*

ensuite: *then*

dîner: *to have dinner*

le chocolat: *chocolate*

un quartier: *a neighborhood*

le Quartier latin: *the Latin Quarter (in Paris)*

un dossier: *a file*

Exercices / Exercises

Exercise A

COMPTEZ DE UN À DIX (EN FRANÇAIS, BIEN SÛR)

Count from 1 to 10 (in French, of course!)

Exercise B

QUELLE HEURE EST-IL ?

What time is it? Tell the time in French. Example: il est 2 heures (it is 2 o'clock)

(a) It is a quarter to ten. ....

(b) It is half past seven...

(c) It is five to one. ....

 (d) It is five twenty. ....

(e) It is twenty-five to nine..

Exercise C

RÉPONDEZ D'APRÈS LE DIALOGUE

Answer these questions using the Lesson 4 dialogue.

1. Est-ce que Mme Sorel est chez elle ou à la poste ?

....

2. Téléphone-t-elle à M. Sorel ou à un ami ?

....

3. Est-ce que cet ami travaille dans un bureau ?

....

4. A-t-il un calendrier ?

....

5. Où est ce calendrier ?

....

6. Est-ce que Mme Sorel a rendez-vous avec vous ?

....

7. A-t-elle rendez-vous avec des amis ?

....

8. Quand a-t-elle rendez-vous, jeudi soir ou vendredi soir ?

....

9. Est-ce que les amis de M. et Mme Sorel sont gentils ?

....

10. Y a-t-il une bonne pièce ce soir, à la Comédie-Française ?

....

11. Où est le restaurant, sur la rive droite ou sur la rive gauche ?

....

12. À quelle heure viennent Édouard, Robert et Valérie ?

....

5. Communications

Lesson 5 focuses on written and spoken communications and you will learn more complex sentence structures. Listen to the vocabulary audio as you go through the list and repeat it – this will help you to memorize the words and to perfect your pronunciation.

COMBIEN DE LETTRES Y A-T-IL ? HOW MANY LETTERS ARE THERE?

la directrice: Ah, Martin ! Vous êtes à l'heure ! C'est bien, parce que nous avons beaucoup de travail aujourd'hui !
Ah, Martin! You are on time! That's good, because we have a lot of work today!

l'employé: Oui, je sais. Il y a des lettres à envoyer.
Yes, I know. There are some letters to be sent out.

la directrice: Combien de lettres y a-t-il ?
How many letters are there?

l'employé: Il y a cent-vingt-cinq lettres.
There are a hundred and twenty-five letters.

la directrice: Cent-vingt-cinq ! Oh là là ! Quel travail !
A hundred and twenty-five! My goodness! What a job!

l'employé: Mais avec mon ordinateur, ça va vite. Et nous pouvons envoyer ces lettres par e-mail !
But with my computer, it goes fast. And we can send those letters by email!

la directrice:	Bon, alors asseyez-vous, et commencez à taper, voulez-vous ? Avez-vous la liste des clients ?
	OK. Sit down then, and start typing, will you? Do you have the list of the clients?
l'employé:	Oui. J'ai la liste et les adresses e-mail.
	Yes, I do. I have the list and the email addresses.
la directrice:	Très bien. Et appelez ma secrétaire, s'il vous plaît. Je ne sais pas pourquoi elle ne répond pas au téléphone.
	Very well. And please, call my secretary. I don't know why she is not answering the phone.
l'employé:	Bien, madame, tout de suite.
	Yes, ma'am, right away.

Grammaire / Grammar

1 VERBES (SAVOIR/POUVOIR) / VERBS (TO KNOW/TO BE ABLE TO)

savoir *(sah-vwahr)* to know/to know how

je sais	je ne sais pas	est-ce que je sais… ?
tu sais	tu ne sais pas	est-ce que tu sais… ?
sais-tu ?		
il/elle sait	il/elle ne sait pas	sait-il/sait-elle… ?
nous savons	nous ne savons pas	savons-nous… ?
vous savez	vous ne savez pas	savez-vous… ?
ils/elles savent	ils/elles ne savent pas	savent-ils… ?

Je ne sais pas le numéro de téléphone de Mme Sorel.
I don't know Mrs. Sorel's phone number.

Sais-tu où est la secrétaire ?
Do you know where the secretary is?

Savez-vous quand Nathalie part en voyage ?
Do you know when Nathalie is leaving on a trip?

Savons-nous où est la secrétaire ?
Do we know where the secretary is?

The verb savoir is also often used with the infinitive of another verb.

Est-ce que vous savez compter en français ?
Do you know how to count in French?

Oui, je sais !
Yes, I know!

But when the verb *to know* instead means *to be acquainted with* (example: to know a person), it is translated by another verb in French: connaître. (We will come back to this later in the book.)

---

pouvoir *(poo-vwahr)* can/to be able to

je peux	je ne peux pas	est-ce que je peux… ?
tu peux	tu ne peux pas	peux-tu… ?
il/elle peut	il/elle ne peut pas	peut-il/peut-elle… ?
nous pouvons	nous ne pouvons pas	pouvons-nous… ?
vous pouvez	vous ne pouvez pas	pouvez-vous… ?
ils/elles peuvent	ils/elles ne peuvent pas	peuvent-ils… ?

The verb pouvoir is used before the infinitive of another verb (as is often the case also with the verb savoir studied above).

Paul peut aller à l'école en bus.
Paul can go to school by bus.

Nous pouvons prendre le métro.
We can take the subway.

Est-ce que tu peux venir avec moi au cinéma ?
Can you come with me to the movies?

Je peux taper la lettre.
I can type the letter.

2. NOMBRES / NUMBERS (11-20, 30-100, 125)

11	12	13	14	15
onze	douze	treize	quatorze	quinze
eleven	twelve	thirteen	fourteen	fifteen

16	17	18	19	20
seize	dix-sept	dix-huit	dix-neuf	vingt
sixteen	seventeen	eighteen	nineteen	twenty

30	40	50	60	70
trente	quarante	cinquante	soixante	soixante-dix
thirty	forty	fifty	sixty	seventy

80	90	100	125
quatre-vingts	quatre-vingt-dix	cent	cent-vingt-cinq
eighty	ninety	a hundred	a hundred and twenty-five

3. COMBIEN DE… ? / HOW MANY/HOW MUCH…?

combien de ? how many/how much?

Combien de clés avez-vous ?
How many keys do you have?

Je ne sais pas combien d'employés travaillent dans ce bureau.
I don't know how many employees work in this office.

Combien y a-t-il d'ordinateurs ?
How many computers are there?

4. VERBES (APPELER/TAPER/ENVOYER/COMMENCER/FINIR) / VERBS (TO CALL/TO TYPE/TO SEND/TO BEGIN/TO FINISH)

Appeler is a regular verb ending in er (same endings as other regular verbs ending in er, such as travailler, voyager, étudier). Notice, however, its minor change in spelling (appelons/appelle):

appeler *(ah-play)* to call

j'appelle	je n'appelle pas	est-ce que j'appelle… ?
tu appelles	tu n'appelles pas	appelles-tu… ?
il appelle	il n'appelle pas	appelle-t-il… ?
elle appelle	elle n'appelle pas	appelle-t-elle… ?
nous appelons	nous n'appelons pas	appelons-nous… ?
vous appelez	vous n'appelez pas	appelez-vous… ?
ils appellent	ils n'appellent pas	appellent-ils… ?
elles appellent	elles n'appellent pas	appellent-elles… ?

Le patron appelle la secrétaire.
The boss is calling the secretary.

Nous appelons un taxi: "Taxi!"
We are calling a cab: "Taxi!"

Mme Sorel n'appelle pas Nathalie au téléphone.
Mrs. Sorel is not calling Nathalie on the phone.

taper *(tah-pay)* to type

Taper is a regular verb ending in er (same endings as other regular verbs ending in er, such as travailler, voyager, étudier, appeler).

L'employé tape une lettre pour le directeur.
The employee is typing a letter for the director.

Est-ce que vous savez taper ?
Do you know how to type?

Les secrétaires tapent vite !
Secretaries type fast!

Envoyer is a regular verb ending in er, despite a minor change in spelling (envoyons – envoie).

envoyer *(awN-vwah-yay)* to send

j'envoie	je n'envoie pas	est-ce que j'envoie… ?
tu envoies	tu n'envoies pas	envoies-tu… ?
il envoie	il n'envoie pas	envoie-t-il… ?
elle envoie	elle n'envoie pas	envoie-t-elle… ?
nous envoyons	nous n'envoyons pas	envoyons-nous… ?
vous envoyez	vous n'envoyez pas	envoyez-vous… ?
ils envoient	ils n'envoient pas	envoient-ils… ?
elles envoient	elles n'envoient pas	envoient-elles… ?

Est-ce que nous envoyons cette lettre par la poste ?
Are we sending this letter through the post office?

Tu envoies les lettres par email.
You are sending the letters by email.

Commencer is a regular verb ending in er, despite a minor change in spelling (commence/commençons). The letter ç keeps the s sound of the infinitive.

---

commencer *(koh-mawN-say)* to begin/to start

je commence	je ne commence pas	est-ce que je commence… ?
tu commences	tu ne commences pas	commences-tu… ?
il/elle commence	il/elle ne commence pas	commence-t-il/elle… ?
nous commençons	nous ne commençons pas	commençons-nous… ?
vous commencez	vous ne commencez pas	commencez-vous… ?
ils/elles commencent	ils/elles ne commencent pas	commencent-ils/elles… ?

Nous commençons à travailler à neuf heures.
We start working at nine.

Le film commence dans vingt minutes.
The movie begins in twenty minutes.

Finir, the opposite of commencer, belongs to the second group of regular verbs: verbs ending in ir (the first group was er).

---

finir *(fee-neer)* to finish/to end

je finis	je ne finis pas	est-ce que je finis… ?
tu finis	tu ne finis pas	finis-tu… ?
il finit	il ne finit pas	finit-il… ?
nous finissons	nous ne finissons pas	finissons-nous… ?
vous finissez	vous ne finissez pas	finissez-vous… ?
ils finissent	ils ne finissent pas	finissent-ils… ?

Notice the ss in the plural persons. This is typical of most regular verbs ending in ir like finir.

À quelle heure finissez-vous au bureau ?
What time do you finish at the office?

Est-ce que tu finis la lettre ?
Are you finishing the letter?

But remember that a verb that has an infinitive ending in er or ir can occasionally be irregular (no ss like finir). For instance, partir, studied earlier in Lesson 3, is irregular: nous partons, vous partez, ils partent.

5. CE/CETTE/CET/CES / THIS/THESE

In Lesson 2, we saw that the demonstrative *this* (or *that*) is translated in French by ce when the following noun is masculine (un livre - ce livre), or by cette when the following noun is feminine (une maison - cette maison).

It can also be translated by cet when the following masculine noun begins with a vowel or a silent h (un aéroport - cet aéroport).

Qui est cet étudiant ?
Who is this student?

Qui est ce monsieur ?
Who is this gentleman?

Nathalie travaille dans une banque. Cette banque est à Paris.
Nathalie works in a bank. That bank is in Paris.

The plural of ce, cet and cette is ces.

Qui sont ces étudiants ?
Who are these students?

Tapez ces lettres, s'il vous plaît.
Type these letters please.

Connaissez-vous cet employé ? Connaissez-vous ces employés ?
Do you know this employee? Do you know these employees?

6. L'IMPERATIF / THE IMPERATIVE

S'il vous plaît, commencez !
Please, begin!

Appelez ma secrétaire !
Call my secretary!

Venez ici !
Come here!

Ne partez pas !
Don't go!

Revenez vite !
Come back soon!

Répondez à la question !
Answer the question!

What do the above phrases have in common? They are all commands! They are the command (or imperative) form of the verbs:

commencer	appeler	venir
partir	revenir	répondre

The imperative is the vous form of the verb, but without the subject pronoun vous.

Example: Vous étudiez. – Étudiez !

For the familiar form tu, the imperative also sounds like the verb without the subject pronoun tu.

Example: Tu viens. – Viens !

For reflexive verbs (we will study them later), there is another form of imperative, as shown in our previous dialogue: Asseyez-vous ! *Sit down!*

Vocabulaire / Vocabulary

le directeur *m*/**la directrice** *f*: *the director*

le patron *m*/**la patronne** *f*, **le boss** *m*/**la boss** *f*: *the boss*

un employé *m*/**une employée** *f*: *an employee*

être à l'heure: *to be on time*

savoir: *to know/to know how*

pouvoir: *can/to be able to*

envoyer: *to send*

commencer: *to begin/to start*

appeler: *to call*

répondre: *to answer*

répondre au téléphone: *to answer the phone*

taper: *to type*

répéter: *to repeat*

choisir: *to choose*

une lettre: *a letter*

combien ?: *how many?/how much?*

onze: *eleven*

douze: *twelve*

treize: *thirteen*

quatorze: *fourteen*

quinze: *fifteen*

seize: *sixteen*

dix-sept: *seventeen*

dix-huit: *eighteen*

dix-neuf: *nineteen*

vingt: *twenty*

trente: *thirty*

quarante: *forty*

cinquante: *fifty*

soixante: *sixty*

soixante-dix: *seventy*

quatre-vingts: *eighty*

quatre-vingts-dix: *ninety*

cent: *one hundred*

cent-vingt-cinq: *one hundred and twenty-five*

par: *by/through*

par e-mail: *by email*

un e-mail/un mail/un courriel: *an email*

un ordinateur: *a computer*

un client: *a client*

la secrétaire: *the secretary*

pourquoi ?: *why?*

parce que: *because*

voulez-vous ?: *do you want?/will you?/ please?*

une liste: *a list*

l'impératif: *the imperative*

Quel travail !: *What a job!*

vite: *quickly*

ça va vite: *it goes quickly/it's fast*

ce *m* **/cet** *m* **/cette** *f*: *this*

ces: *these/those*

Asseyez-vous !: *Sit down!*

tout de suite: *right away*

Exercices / Exercises

Exercise A

COMPTEZ DE DIX À VINGT

Count from 10 to 20 in French.

Exercise B

ÉCRIVEZ !

Write down the following numbers in French.

23	..... vingt-trois	64	....
25	....	70	....
30	....	80	....
35	....	90	....
40	....	100	....
53	....	122	....
60	....		

Exercise C

QUELS SONT LES JOURS DE LA SEMAINE ? `

What are the 7 days of the week?

-Ce sont : lundi,.................... ,........................, ,........................., ,........................,

,........................, ,........................,

Exercise D

RÉPONDEZ D'APRÈS LE DIALOGUE

Answer the following questions using the Lesson 5 dialogue.

1. Est-ce que l'employé est à l'heure ?...

2. Est-ce que la directrice et l'employé ont beaucoup de travail aujourd'hui ?

....

3. Y a-t-il des lettres ou des colis à envoyer ?

....

4. Combien de lettres y a-t-il ? ....

5. Est-ce que l'employé envoie ces lettres par la poste ?

....

6. Peut-il envoyer ces lettres par e-mail ?...

7. Qui commence à taper les lettres, la directrice ou l'employé ?

....

8. Y a-t-il du WiFi dans ce bureau ?...

9. Est-ce qu'il y a une liste des clients ? ....

10. Êtes-vous sur cette liste ? ....

....

6. Review: Lessons 1-5

This review section is a revision of what you have learnt so far. Take the time to listen to the audio dialogues again and see how much you can understand without turning back to the English versions in the previous chapters! Don't forget to do the short exercise section too!

  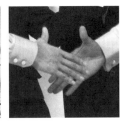 

DIALOGUE 1: BONJOUR!

Madame Sorel:	Bonjour, Paul !
Paul:	Bonjour, madame ! Ça va ?
Madame Sorel:	Oui, ça va bien, merci. Et vous, Paul, comment allez-vous ?
Paul:	Très bien, merci.
Madame Sorel:	Révisons le vocabulaire, Paul ! Vous êtes prêt ?
Paul:	Oui, madame.
Madame Sorel:	Ça… Est-ce que c'est un stylo ?
Paul:	Oui, c'est un stylo.

Madame Sorel:	Et ça ? Est-ce que c'est un stylo ou une clé ?
Paul:	Ça, c'est une clé !
Madame Sorel:	Bien ! Et ça ? Est-ce que c'est aussi une clé ?
Paul:	Non, madame. Ce n'est pas une clé !
Madame Sorel:	Qu'est-ce que c'est ?
Paul:	C'est un livre ! C'est un livre de français.
Madame Sorel:	Très bien, Paul ! Vous connaissez bien votre vocabulaire. Félicitations !
Paul	Merci. Au revoir, madame. À bientôt.

DIALOGUE 2: PRÉSENTATIONS

À l'arrêt de bus, Paul fait la connaissance de Mademoiselle Caron.

Paul:	Bonjour, mademoiselle ! Comment allez-vous ?
Mademoiselle Caron:	Je vais bien, merci. Comment vous appelez-vous ?
Paul:	Je m'appelle Paul.
Mademoiselle Caron:	Enchantée, Paul ! Je suis Mademoiselle Caron.
Paul:	Enchanté, mademoiselle !
Mademoiselle Caron:	Qu'est-ce que c'est ?
Paul:	C'est mon livre de français. J'apprends le français à l'école.
Mademoiselle Caron:	De quelle nationalité êtes-vous ?
Paul:	Je suis anglais. Je viens de Londres. Et vous, d'où venez-vous ? Vous êtes française ?

Mademoiselle Caron:	Oui, je suis française. Je viens de Bordeaux. Maintenant je travaille ici, à Paris, dans une banque. C'est une très grande ban-que.
Paul:	Mon père travaille dans une banque aus-si, une banque cana dienne à Londres.
Mademoiselle Caron:	Est-ce qu'il est canadien ?
Paul:	Non, il n'est pas canadien, il est anglais.
Mademoiselle Caron:	Le bus arrive ! Au revoir, Paul.
Paul:	Au revoir, Mademoiselle Caron, et bonne journée !

DIALOGUE 3: NATHALIE PART EN VOYAGE

Paul:	Nathalie, avez-vous un billet d'avion ?
Nathalie:	Oui Paul, j'ai un billet d'Air France. Il est dans le sac.
Paul:	Vous avez aussi une valise ?
Nathalie:	Oui, bien sûr ! Je voyage avec une grande valise. Dans la valise, j'ai une jupe, un manteau, deux ou trois chemises, etc.
Paul:	Est-ce que vous avez un passeport ?
Nathalie:	Non, je n'ai pas de passeport, mais j'ai une carte d'identité.
Paul:	Ah, bon. Et où allez-vous ? À Marseille ?
Nathalie:	Non, je ne vais pas à Marseille. Je vais à Bordeaux.
Paul:	Est-ce que vous prenez le métro, pour aller à l'aéroport ?
Nathalie:	Non, je prends un taxi.
Paul:	Quand partez-vous ? Aujourd'hui ?

Nathalie:	Non, non, je pars demain.
Paul:	À quelle heure ?
Nathalie:	À trois heures. Vous êtes très curieux, Paul !
Paul:	Mais vous revenez bientôt, n'est-ce pas ?
Nathalie:	Oui, je reviens dans une semaine. J'ai beaucoup de travail ici. C'est tout ?
Paul:	Oui. Bon voyage, Nathalie ! À bientôt !
Nathalie:	À bientôt, Paul ! Travaillez bien !

DIALOGUE 4: QUEL JOUR SOMMES-NOUS AUJOURD'HUI ?

De chez elle, Madame Claire Sorel, la femme de Thomas Sorel, téléphone à un ami.

Mme Sorel:	Allô, Éric ? Bonjour ! Comment vas-tu ? Moi, je vais bien, merci. Je suis à la maison. Quel jour sommes-nous aujourd'hui ? Jeudi ?
l'ami, au téléphone:	Jeudi ? Mais non, nous ne sommes pas jeudi ! J'ai un calendrier sur mon bureau. Aujourd' hui, nous sommes vendredi.
Mme Sorel:	Vendredi ? Déjà ? C'est vrai.
l'ami, autéléphone:	Eh bien ? Qu'est-ce qu'il y a, vendredi ?
Mme Sorel:	Eh bien, ce soir, Thomas et moi, nous avons rendez-vous avec des amis… Oh, ce sont des amis du bureau. Ils sont trois : il y a Édouard, Robert et Valérie. Ils sont très gentils.
l'ami, au téléphone:	C'est super ! Où allez-vous ?
Mme Sorel:	D'abord, nous allons au théâtre. Tu viens avec nous ?
l'ami, au téléphone:	Non, merci. Pas de théâtre pour moi, ce soir. Je suis fatigué.

Mme Sorel:	Il y a une très bonne pièce à la Comédie-Française. Ensuite, nous allons dîner au restaurant. Ce restaurant est sur la rive gauche, dans le Quartier latin… Mais quelle heure est-il, maintenant ?
l'ami, au téléphone:	Il est six heures. C'est bientôt l'heure de partir.
Mme Sorel:	Comment ? Il est déjà six heures ? Les amis de Thomas viennent à six heures et demie ! Au revoir, Éric !
l'ami, au téléphone:	Au revoir, Claire ! Bonne soirée.

DIALOGUE 5: COMBIEN DE LETTRES Y A-T-IL ?

la directrice:	Ah, Martin ! Vous êtes à l'heure ! C'est bien, parce que nous avons beaucoup de travail aujourd'hui !
l'employé:	Oui, je sais. Il y a des lettres à envoyer.
la directrice:	Combien de lettres y a-t-il ?
l'employé:	Il y a cent-vingt-cinq lettres.
la directrice:	Cent-vingt-cinq ! Oh là là ! Quel travail !
l'employé:	Mais avec mon ordinateur, ça va vite. Et nous pouvons envoyer ces lettres par e-mail !
la directrice:	Bon, alors asseyez-vous, et commencez à taper, voulez-vous ? Avez-vous la liste des clients ?
l'employé:	Oui. J'ai la liste et les adresses e-mail.
la directrice:	Très bien. Et appelez ma secrétaire, s'il vous plaît. Je ne sais pas pourquoi elle ne répond pas au téléphone.
l'employé:	Bien, madame, tout de suite.

Vocabulaire / Vocabulary

une récapitulation: *a recapitulation/review*
une page: *a page*
un dialogue: *a dialogue*
un exercice: *an exercise*
une phrase: a sentence
complétez les phrases:
complete the sentences
choisissez: *choose (choisir: to choose)*
un mot: *a word*

un adjectif: *an adjective*
masculin: *masculine*
féminin: *feminine*
singulier: *singular*
pluriel: *plural*
un article: *an article*
une préposition: *a preposition*
la prononciation: *the pronunciation*
approprié *m*/**appropriée** *f*: *appropriate*

Exercices / Exercises

Exercise A

CHOISISSEZ L'ARTICLE DÉFINI APPROPRIÉ

Exemples: la question - les clés - l'aéroport - le dialogue

1. conversation ....

2. banques ....

3. école ....

4. billet ....

5. présentations ....

6. maison ....

7. manteau ....

8. jupes ....

9. identité ....

10. métro ....

11. taxis ....

12. heure ....

13. jour ....

14. nuit ....

15. femme...

16. ami ....

17. amie...

18. amis ....

19. amies ....

20. calendrier ....

21. restaurants ....

22. Comédie-Française ....

23. rive gauche ....

24. Quartier latin ....

25. soirée ....   31. liste ....

26. travail ....   32. numéros ....

27. patrons..   33. chaise ....

28. employé ....   34. leçons ....

29. lettres ....   35. bureau..

30. ordinateur..   36. secrétaires ....

Exercise B

COMPLÉTEZ LES PHRASES

Complete these sentences with the correct form of the verb in the present tense.

Exemples: (savoir) Je ne sais pas quelle heure il est. (étudier) Nous étudions le français.

1. (voyager) Nathalie ne .... pas en train.

2. être) Les valises.. à l'aéroport.

3. (partir) À quelle heure .... -vous ?

4. (appeler) Est-ce que j' .... un taxi ?

5. (taper) Cet employé.. une lettre pour la directrice.

6. (avoir) Les employés .... des ordinateurs.

7. (être) Qui .... -vous ?

8. (travailler) Où .... -vous ?

9. (envoyer) S'il vous plaît,.. la lettre par e-mail !

10. (aller) Où .... -tu, Paul ?

11. (venir) Est-ce que tu .... au cinéma avec nous ?

12. (finir) Le film .... à 23h.

13. (être) Nous ne .... pas français.

14. (pouvoir) Je .... faire cet exercice !

15. (répondre) Est-ce que vous pouvez .... à cette question ?

16. (étudier) Avec ce livre, tu n'.. pas l'anglais !

17. (voyager) Ces garçons .... en train.

18. (partir) Nous .... à huit heures.

19. (être) Tu n'.. pas gentil, Paul !

20. (avoir) Qu'est-ce que tu .... dans cette valise ?

Exercise C

CHOISISSEZ LE MOT APPROPRIÉ

Choose the appropriate word.

Exemple: J'étudie avec ce livre de français. (stylo/billet/livre)

1. Il est japonais et elle est japonaise .... (pas/aussi/très bien)

2. De quelle .... êtes-vous ?(clé/nationalité/heure)

3. Nathalie Caron va..Bordeaux.(au/à la/à)

4. Ce monsieur n'a pas .... carte d'identité. (du/de la/de)

5. Qui est.. petit garçon ? (ce/cette/ces)

6. Je voyage.. une grande valise.(dans/avec/pour)

7. Mon .... est dans le sac. (passeport/directeur/amie)

8. Quelle est la .... à cette question ? (réponse/carte d'identité/lettre)

9. Aujourd'hui, nous ne sommes .... jeudi. (bien/calendrier/pas)

10. Édouard et Robert sont très . ... (gentil/gentils/gentille)

11. Il est six heures .... demie. (moins/et/avec)

12. Qu'est-ce qu'il y a dans .... boîte ? (le/la/l')

13. J'ai beaucoup .... travail au bureau. (du/de la/de)

14. Cette école, est-ce que c'est... école de Paul ? (le/la/l')

7. Dining In & Out

Lesson 7 is all about food! Learn how to order food and drinks out and about and the vocabulary you need to talk about it at home. You will also learn to tell the time, more pronouns and verbs, and you will further develop your language skills.

L'ADDITION, S'IL VOUS PLAÎT ! THE CHECK, PLEASE!

C'est dimanche matin. Il est dix heures. Nathalie et un ami, Albert, sont assis à la terrasse d'un café. Ils lisent le menu du petit déjeuner.

It's Sunday morning. It is ten o'clock. Nathalie and a friend, Albert, are seated on the terrace of a sidewalk café. They are reading the breakfast menu.

Nathalie:	Qu'est-ce que tu vas prendre, toi ? What are you going to have?
Albert:	Je n'ai pas très faim. Je vais seulement commander un café au lait et un croissant. Et toi ? I am not very hungry. I am only going to order coffee with milk and a croissant. What about you?
Nathalie:	Moi, j'ai faim ce matin ! Je voudrais un thé au citron, une tartine de pain beurré, une brioche et de la confiture. I am hungry this morning! I would like tea with lemon, a slice of bread with butter, a brioche, and some jam.

Albert:	Je vais appeler le serveur. Au fait, qu'est-ce que tu fais cet après-midi, Nathalie ?
	I am going to call the waiter. By the way, what are you doing this afternoon, Nathalie?
Nathalie:	Rien de spécial. Et toi ?
	Nothing special. And you?
Albert:	Moi non plus. Rien. Il y a un cinéma dans le quartier. On y va ? Juste ment, il y a le nouveau film de François Ozon.
	Me neither. Nothing. There is a movie theater in the neighborhood. Shall we go? Actually, they are showing François Ozon's new film.
Nathalie:	D'accord. J'adore les films d'Ozon. Tu sais à quelle heure ça commence ?
	OK. I love Ozon's films. Do you know at what time it starts?
Albert:	Oui, à quatorze heures trente. En attendant, on peut aller se promener au marché aux puces. C'est toujours intéressant.
	Yes, at 2:30. Meanwhile, we can go walk around in the flea market. It's always interesting.
Nathalie:	Bonne idée ! Allons-y tout de suite après le petit déjeuner.
	Good idea! Let's go (there) right after breakfast.
Albert:	Oui, pourquoi pas ? Ah, enfin ! Voici le garçon qui vient prendre notre commande !
	Yes, why not? Well, finally! Here is the waiter who's coming to take our order.

Grammaire / Grammar

1. VERBES (FAIRE) / VERBS (TO DO/TO MAKE)

faire to do/to make

je	fais	je ne fais pas	est-ce que je fais ?
tu	fais	tu ne fais pas	fais-tu ?
il/elle	fait	il/elle ne fait pas	fait-il/fait-elle ?
nous	faisons	nous ne faisons pas	faisons-nous ?
vous	faites	vous ne faites pas	faites-vous ?
ils/elles	font	ils/elles ne font pas	font-ils ?

fais/fait *(feh)*   on *(ohN)*   faites *(fet)*   font *(fohN)*

Je fais mon travail sur l'ordinateur.
I do my work on the computer.

Les étudiants font des exercices de français.
The students are doing French exercises.

Qu'est-ce que vous faites ce soir ?
What are you doing this evening?

Ça fait sept euros.
It is seven euros.

Nous allons faire un voyage.
We're going to take a trip.

On va faire du shopping !
We're going shopping!

2. LE PRONOM SUJET "ON" / THE SUBJECT PRONOUN "ON"

The last example in the above section shows that nous and on often have the same meaning ("we"). However, on always uses the third person <u>singular</u> of the verb.

Examples:

On va au cinéma. = Nous allons au cinéma.
We are going to the movies.

On ne part pas. = Nous ne partons pas.
We are not leaving.

Est-ce qu'on étudie le français ? = Est-ce que nous étudions le français ?
Do we study French?

Note that the subject pronoun on is often used also to convey the idea of an indefinite subject (such as "one", "somebody", or "people" in English).

Examples:

En Chine, on parle chinois.
In China, people speak Chinese.

On frappe à la porte !
Somebody is knocking at the door!

3. VERBE (PRENDRE) / VERB (TO TAKE)

prendre to take

je	prends	je ne prends pas	est-ce que je prends… ?
tu	prends	tu ne prends pas	prends-tu… ?
il/elle/on	prend	il/elle/on ne prend pas	prend-il/elle/on… ?
nous	prenons	nous ne prenons pas	prenons-nous… ?
vous	prenez	vous ne prenez pas	prenez-vous… ?
ils/elles	prennent	ils/elles ne prennent pas	prennent-ils/elles… ?

prenons *(pruh-nohN)* **prennent** *(pren)*

Est-ce que tu prends l'autobus ?
Are you taking the bus?

Albert et Nathalie ne prennent pas le petit déjeuner au bureau.
Albert and Nathalie don't have breakfast at the office.

Nous prenons des croissants ?
Are we having croissants?

Qu'est-ce qu'on prend, du thé ou du café ?
What are we having, tea or coffee?

4. L'ARTICLE PARTITIF (DU/DE LA/DE L') / THE PARTITIVE ARTICLE (SOME)

In the last example, du thé is simply translated as tea in English. Likewise, in the dialogue, de la confiture can be translated as jam as well as some jam. While the English language often uses a noun by itself (tea, jam), the French language always uses an article with that noun:

du thé (because thé is masculine)
de la confiture (because confiture is feminine)

The articles du and de la, expressing part of something, are called partitive articles. They are used to indicate part of a quantity which is measurable, but not countable.

Examples:

Nathalie prend de la confiture.
Nathalie takes some jam.

Je prends du lait.
I take milk.

Au bureau, l'employé a du travail.
At the office, the employee has work to do.

Je voudrais du pain, s'il vous plaît.
I would like some bread, please.

5. JE VOUDRAIS… / I WOULD LIKE…

Je voudrais is the polite way of asking for something.

Examples:

Je voudrais un thé au citron, s'il vous plaît.
I would like tea with lemon, please.

Je voudrais deux croissants.
I would like two croissants.

Je voudrais comes from the verb vouloir *(to want)*. Its present tense will be studied in Lesson 8.

6. TOI ET MOI / YOU (FAMILIAR) AND ME

Moi and toi are used:

– to emphasize the subjects je and tu

Moi, je ne mange pas de pain !
I do not eat bread!

Toi, Paul, tu es très curieux !
You, Paul, you are very nosy!

– after prepositions (such as avec, et, pour, etc.)

Pour moi, un café au lait ! Et toi ?
For me, coffee with milk! And you?

Vous venez avec moi au cinéma ?
Are you coming with me to the movies?

7. IL EST TREIZE HEURES / IT IS 1:00 P.M.

Il est une heure de l'après-midi. = Il est treize heures.
It is one o'clock in the afternoon. = It is 1:00 p.m.

treize heures (13h) = une heure (1h) de l'après-midi

quatorze heures (14h) = deux heures (2h) de l'après-midi

quinze heures (15h) = trois heures (3h) de l'après-midi

dix-neuf heures (19h) = sept heures (7h) du soir

vingt heures quinze (20h15) = huit heures et quart (8h15) du soir

vingt-et-une heures trente (21h30) = neuf heures et demie (9h30) du soir

Examples: Le film commence à 14h30 et il finit à 16h30.
The movie begins at 2:30 p.m., and it ends at 4:30 p.m.

Ce train part à 23h15.
This train leaves at 11:15 p.m.

8. LE PRONOM "Y" / THE PRONOUN "Y"

This unique pronoun can replace any location previously mentioned in the conversation. In a typical sentence (subject+verb+object), the pronoun y is placed just before the verb.

Examples: Nous allons au cinéma. Nous y allons avec Albert.
We are going to the movies. We are going (there) with Albert.

Tu vas chez Carole ? Oui, j'y vais.
Are you going to Carole's? Yes, I am going there.

Est-ce que les croissants sont sur la table ?
Are the croissants on the table?

Oui, ils y sont.
Yes, they are (there/here).

Non, ils n'y sont pas.
No, they are not (there/here).

Note, in the last example, that in the negative, y is still placed before the verb, but after n.

9. LES CONTRAIRES / OPPOSITES

We already know some opposites:

oui	non	aller	venir
le matin	le soir	vrai	faux
grand	petit	bon	mauvais
aussi	non plus	beaucoup	peu
commencer	finir	pourquoi ?	parce que

Here are the opposites of words that appear in our last dialogue:

assis / debout
seated / standing

sur / sous
on / under

rien / quelque chose
nothing / something

toujours / jamais
always / never

après / avant
after / before

Examples:

Le serveur est debout et le client est assis.
The waiter is standing and the customer is seated.

Ce n'est pas vrai ! C'est faux !
This is not true! This is false!

Vocabulaire / Vocabulary

l'addition: *the check*
s'il vous plaît: *please*
le menu: *the menu*
assis *m*/**assise** *f*: *seated*
la terrasse: *the terrace*
la terrasse d'un café: *the café terrace*
le petit déjeuner: *breakfast*
prendre le petit déjeuner: *to have breakfast*
un café au lait: *a coffee with milk*
un café noir: *a black coffee*
le lait: *milk*
un croissant: *a croissant*
une brioche: *a brioche*
un thé: *tea*
un thé au citron: *lemon tea*
un citron: *a lemon*
un thé au lait: *tea with milk*
une tartine: *a slice of bread*
du pain: *bread*
du beurre: *butter*
une tartine de pain beurré: *a slice of buttered bread*
la confiture: *jam*
ce matin: *this morning*
le matin: *in the morning*
le soir: *in the evening*
désirer: *to want*
se promener: *to walk*
avoir faim: *to be hungry*
j'ai faim: *I'm hungry*
je voudrais: *I'd like*
je vais prendre: *I will have*
adorer: *to love (a lot)*

aimer: *to love*
en attendant: *whilst waiting*
une commande: *an order*
une addition: *a check (at a restaurant, a bar, etc.)*
spécial *m*/**spéciale** *f* (sing.): *special*
    spéciaux *m*/**spéciales** *f* (plur.)
intéressant *m*/**intéressante** *f* (sing.): *interesting*
nouveau *m* / **nouvelle** *f* (sing.): **new**
    nouveaux *m*/ **nouvelles** *f* (plur.)
un film: *a movie*
un marché: *a market*
le marché aux puces: *the flea market*
une idée: *an idea*
Bonne idée !: *Good idea!*
Enfin !: *Finally!*
avec toi: *with you*
pour moi: *for me*
toi et moi: *you and me*
alors: *then*
rien: *nothing*
y: *there/here*
d'accord: *OK/agreed*
pourquoi pas ?: *why not?*
notre: *our*
après: *after*
avant: *before*
aussi: *also, too*
seulement: *only*
toujours: *always*
jamais: *never*

Exercices / Exercises

Exercise A

RÉPONDEZ D'APRÈS LE DIALOGUE

Answer these questions using the Lesson 7 dialogue.

1. Où sont assis Albert et Nathalie ?

....

2. Que prend Albert ?

....

3. Que prend Nathalie ?

....

4. Est-ce qu'il y a un cinéma dans le quartier où ils sont ?

....

5. Est-ce que Nathalie aime les films de François Ozon ?

....

6. À quelle heure commence le film ?

....

7. Est-ce que le marché aux puces est intéressant ?

....

8. Où vont Albert et Nathalie tout de suite après le petit déjeuner ?

....

Exercise B

QUELLE HEURE EST-IL ?

What time is it? Say what time it is in French.

Exemple: Il est quinze heures trente ou trois heures et demie.

1. Il est dix-huit heures quarante-cinq ou ....

2. Il est vingt-deux heures quinze ou ....

3. Il est dix-sept heures vingt-cinq ou ....

4. Il est treize heures trente ou ....

5. Il est seize heures quarante-cinq ou ....

Exercise C

COMPLÉTEZ AVEC L'ARTICLE PARTITIF

Fill in the blanks with the partitive du or de la.

Exemple: Voulez-vous du café ?

1. Je voudrais... lait.

2. Est-ce que vous avez .... citron, s'il vous plaît ?

3. Il y a .... confiture sur le pain.

4. Le matin, nous prenons toujours .... thé.

5. Paul ne peut pas sortir parce qu'il a .... travail.

Exercise D

COMPLÉTEZ LES PHRASES AVEC LE CONTRAIRE DES MOTS SOULIGNÉS

Complete the sentences with the opposite of the underlined words.

Exemple: Je ne vais pas au bureau le soir, mais le matin.

1. L'étudiant n'est pas debout, il est ....

2. Nathalie ne prend jamais de café, elle prend .... du thé.

3. Ce n'est pas vrai, c'est .... !

4. La pièce de théâtre commence à 20h et .... à 22h.

5. Monsieur Sorel voyage peu, mais il travaille ....

6. Le calendrier n'est pas sous le bureau, mais .... le bureau !

7. Ce café est très mauvais ! Avez-vous du .... café ?

8. La lettre B n'est pas avant la lettre A, mais .... !

Exercise E

UTILISEZ LE PRONOM Y

Rewrite the following sentences by replacing the underlined words with the pronoun "y"

(pay attention to the placement of this pronoun in the sentence).

Exemple: Albert et Nathalie vont au cinéma. = Albert et Nathalie y vont.

1. Nous allons à la banque. = ...

2. Je ne vais pas à l'aéroport. = ...

3. Mme Sorel prend le petit déjeuner chez elle. = ...

....

4. Sylvie travaille au bureau. = ...

5. Paul est à l'école. = ...

8. Reservations

Lesson 8 covers making hotel reservations. Again, listen to the audio to immerse yourself in the language so that you become accustomed to making sentences – this will also help you to absorb the grammar easily. Finally, you will learn some new verbs and vocabulary.

AVEZ-VOUS UNE RÉSERVATION ? DO YOU HAVE A RESERVATION?

Aujourd'hui, Monsieur Sorel est dans la ville de Lyon. Il va à l'Hôtel du Centre, où il a une réservation pour la nuit. Maintenant, il se présente à la réceptionniste de l'hôtel.

Today, Mr. Sorel is in the city of Lyon. He is going to the Hotel du Centre, where he has a reservation for the night. Now, he is introducing himself to the receptionist of the hotel.

M. Sorel:	Bonjour, mademoiselle. J'ai une réservation.
	Good morning. I have a reservation.
la réceptionniste:	Bonjour, monsieur. C'est à quel nom, s'il vous plaît ?
	Good morning. What is the name, please?
M. Sorel:	Au nom de Thomas Sorel.
	Thomas Sorel.
la réceptionniste:	Ah, oui, voilà ! Une réservation pour une personne, n'est-ce pas ?
	Oh, yes, here it is! A reservation for one person, is that right?
M. Sorel:	Oui, et pour une nuit. Je pars demain, avant midi.
	Yes, and for one night. I'll check out tomorrow, before noon.

la réceptionniste:	Bien, monsieur. Voulez-vous remplir cette fiche, s'il vous plaît ? Avez-vous des bagages ? Vous pouvez donner vos valises au porteur.
	Very well. Will you fill out this card, please? Do you have any luggage? You can give your suitcases to the porter.
M. Sorel:	Non, merci. J'ai seulement cette petite valise. À quel étage est la chambre ?
	No, thank you. I only have this small suitcase. On what floor is the room?
la réceptionniste:	Au troisième étage, monsieur. Vous pouvez prendre l'ascenseur.
	On the third floor, sir. You may take the elevator.
M. Sorel:	Merci. Est-ce que je peux donner un coup de téléphone de ma chambre ?
	Thank you. Can I make a phone call from my room?
la réceptionniste:	Mais naturellement, monsieur. Voici la clé de votre chambre. C'est la chambre numéro 17.
	But of course. Here is the key to your room. It's room number 17.
M. Sorel:	Merci. Jusqu'à quelle heure servez-vous le petit déjeuner ?
	Thank you. Until what time do you serve breakfast?
la réceptionniste:	Jusqu'à dix heures, monsieur, dans la salle à manger du rez-de-chaussée.
	Until ten o'clock, in the first floor* dining room.
M. Sorel:	Merci, mademoiselle.
	Thank you, miss.
la réceptionniste:	Je vous en prie. Au revoir, Mmonsieur Sorel.
	You are welcome. Goodbye, Mr. Sorel.

Grammaire / Grammar

1. LES ADJECTIFS POSSESSIFS / POSSESSIVE ADJECTIVES

Possessive adjectives (my, your, his, etc.), like other adjectives in French, agree in gender and number with the noun they modify (the possessed object):

mon passeport *m*: my passport
ma valise *f*: my suitcase
mes amis *(m plur.)*: my friends
mes valises *(f plur.)*: my suitcases

	Singular		Plural	
	masculine noun	feminine noun	plural noun	
je	mon	ma	mes	(my)
tu	ton	ta	tes	(your)
il/elle	son	sa	ses	(his/her/its)
nous	notre		nos	(our)
vous	votre		vos	(your)
ils/elles	leur		leurs	(their)

Examples:

Je prends mon petit déjeuner dans ma chambre.
I am having my breakfast in my room.

Mes valises sont à l'aéroport.
My suitcases are at the airport.

Notice the difference with English, where possessive adjectives indicate only the possessor (my breakfast, my room, my suitcases).

ton passeport *(tohN)*
ta valise *(tah)*
tes amis *(tey)*

son passeport = le passeport de Thomas/le passeport de Nathalie
sa valise = la valise de Thomas/la valise de Nathalie
ses amis = les amis de Thomas/les amis de Nathalie

Examples:

Où est la chambre de Thomas ? Sa chambre est au troisième étage.
Where is Thomas's room? His room is on the third floor.

Où est la chambre de Nathalie ? Sa chambre est au troisième étage.
Where is Nathalie's room? Her room is on the third floor.

Où est le sac de Nathalie ? Son sac est dans sa chambre.
Where is Nathalie's bag? Her bag is in her bedroom.

Où est le livre de Nathalie ? Son livre est chez elle.
Where is Nathalie's book? Her book is at home.

Où sont les valises de Thomas ? Ses valises sont à l'aéroport.
Where are Thomas's suitcases? His suitcases are at the airport.

notre passeport *(noh-truh pahs-pohr)*
notre valise *(noh-truh vah-leez)*
nos amis *(noh-zah-mee)*
votre passeport *(voh-truh pahs-pohr)*
votre valise *(voh-truh vah-leez)*
vos papiers *(voh pah-peeyay)*
leur passeport *(luhr pahs-pohr)*
leur valise *(luhr vah-leez)*
leurs amis *(luhr-zah-mee)*

Examples:

Les étudiants travaillent bien. Leur professeur est content.
The students are working well. Their teacher is happy.

À la maison, les étudiants travaillent avec leurs livres.
At home, the students work with their books.

2. VERBES (VOULOIR/REMPLIR/SERVIR) /VERBS (TO WANT/TOFILL/TO SERVE)

vouloir to want

je	veux	nous	voulons
tu	veux	vous	voulez
il	veut	ils	veulent

Examples: M. Sorel veut une chambre pour la nuit. Mr. Sorel wants a room for the night.

Et toi, qu'est-ce que tu veux ?
And you, what do you want?

Albert et Nathalie veulent des croissants.
Albert and Nathalie want some croissants.

Vouloir, like **savoir** *(to know)* and **pouvoir** *(to be able to)*, is often followed by an infinitive.

Examples:

On veut étudier.
We want to study.

Vous ne voulez pas partir.
You don't want to leave.

---

remplir to fill

je	rempl**is** *(rawN-plee)*	nous	rempl**issons** *(rawN-plee-sohN)*
tu	rempl**is** *(rawN-plee)*	vous	rempl**issez** *(rawN-plee-say)*
il	rempl**it** *(rawN-plee)*	ils	rempl**issent** *(rawN-plees)*

This verb is, like **finir,** a regular verb of the second group (ending in **ir**). See **finir** earlier, in Lesson 5.

Examples:

Vous remplissez la fiche de l'hôtel avec votre stylo.
You fill out the hotel form with your pen.

Remember that a verb with an infinitive ending in **ir** can be irregular (no **ss** in the plural persons, as **finir** or **remplir** have). For instance, **partir,** studied earlier in Lesson 3, is irregular: nous **partons,** vous partez, ils partent.

---

servir to serve

je	sers *(sehr)*	nous	servons
tu	sers *(sehr)*	vous	servez
il	sert *(sehr)*	ils	servent *(sehrv)*

Examples:

Le serveur sert du thé.
The waiter is serving tea.

On ne sert pas le petit déjeuner jusqu'à midi !
We don't serve breakfast until noon!

3. PREMIER, DEUXIÈME, TROISIÈME, ETC. / FIRST/SECOND/THIRD ETC.

Étudions-nous la leçon numéro trois – la troisième leçon ?
Are we studying lesson number three – the third lesson?

Non, nous étudions la leçon numéro huit – la huitième leçon !
No, we are studying lesson number eight – the eighth lesson!

1	(un)	premier *m*/première *f*	
2	(deux)	deuxième, second *m*/seconde *f*	
3	(trois)	troisième	
4	(quatre)	quatrième	
5	(cinq)	cinquième	
6	(six)	sixième	
7	(sept)	septième	
8	(huit)	huitième	
9	(neuf)	neuvième	
10	(dix)	dixième	etc.

4. VERBES (PARLER/DONNER) / VERBS (TO SPEAK/TO GIVE)

parler to speak/talk

je	parl**e**	nous	parl**ons**
tu	parl**es** *(pahrl - the s is silent)*	vous	parl**ez**
il	parl**e**	ils	parl**ent**

Parlons-nous français ?
Do we speak French?

Ici, on ne parle pas anglais.
Here, we don't speak English.

donner to give

je	donn**e**	nous	donn**ons**
tu	donn**es** *(dohn - the s is silent)*	vous	donn**ez**
il	donn**e**	ils	donn**ent**

M. Sorel ne donne pas sa valise au porteur.
Mr. Sorel does not give his suitcase to the porter.

Je donne un coup de téléphone à mes amis.
I'm calling my friends (on the phone).

parler and donner are regular verbs of the first group (ending in er), like travailler, étudier or taper, that we have studied earlier.

Vocabulaire / Vocabulary

une ville: *a town, a city*

le centre: *the center*

se présenter: *to introduce oneself*

une réservation: *a reservation*

une personne: *a person*

le nom: *the name*

une chambre: *a room*

jusqu'à: *until*

la nuit: *the night*

le réceptionniste *m*/**la réceptionniste** *f*: *the receptionist*

remplir: *to fill (out)*

une fiche: *a form*

les bagages: *luggage*

une valise: *a suitcase*

donner: *to give*

un porteur: *a porter*

un étage: *a floor, story*

troisième: *third*

le rez-de-chaussée: *first floor*

un ascenseur: *an elevator*

un numéro: *a number*

un coup de téléphone: *a phone call*

servir: *to serve*

la salle à manger: *the dining room*

seulement: *only*

naturellement: *naturally*

je vous en prie: *you are welcome*

ma: *my (feminine, singular)*

mon: *my (masculine, singular)*

mes: *my (plural)*

votre: *your (singular)*

vos: *your (plural)*

Exercices / Exercises

Exercise A

RÉPONDEZ D'APRÈS LE DIALOGUE

Answer these questions about the dialogue in Lesson 8.

1. Dans quelle ville est M. Sorel aujourd'hui ?

....

2. A-t-il une réservation pour une nuit ou pour deux nuits ?

....

3. À qui parle-t-il ? ....

4. Est-ce que M. Sorel remplit une fiche ?

....

5. Combien de valises a-t-il ? ....

6. Veut-il prendre un porteur ? ....

7. La chambre 17 est-elle au rez-de-chaussée ?

....

8. Est-ce qu'il y a un ascenseur dans cet hôtel ?

....

9. Qu'est-ce que la réceptionniste donne à M. Sorel ?

....

10. Où sert-on le petit déjeuner ? ....

11. Est-ce que M. Sorel veut donner un coup de téléphone de sa chambre ?

....

12. Dans cet hôtel, jusqu'à quelle heure servent-ils le petit déjeuner ?

....

Exercise B

COMPLÉTEZ LES PHRASES AVEC L'ADJECTIF POSSESSIF APPROPRIÉ

Complete the sentences with the appropriate possessive adjective.

Exemples: - J'ai mon billet, ma carte d'identité et mes clés.

Albert a son café au lait et son croissant.

1. Tu as.................................stylo et .... livres, Paul ?

2. Mlle Caron a .... sac et .... valise.

3. Nous avons .... valises et .... taxi !

4. Vous avez.......................... ordinateur et .... lettres à taper.

5. Albert et Nathalie prennent... petit déjeuner.

Exercise C

COMPLÉTEZ SELON L'EXEMPLE

Say that "page number 6" is the sixth page in French.

Exemple: La page numéro 6 est la sixième page.

1. La leçon numéro 1 est..

2. La question numéro 7 est..

3. Le dialogue numéro 1 est..

4. La réponse numéro 15 est ....

5. Le billet numéro 20 est ....

9. The Post Office

Lesson 9 introduces some general daily activities such as running errands. Here, we use the example of the post office but remember that much of the vocabulary is transferrable and can apply to many other situations too. You will also learn the future tense.

IL FAUT ALLER A LA POSTE. WE NEED TO GO TO THE POST OFFICE.

Paul: *Je voudrais un timbre pour une carte postale sans enveloppe.*
I would like one stamp for a postcard without an envelope.

l'employée de poste: *C'est pour la France ?*
Is it for France?

Paul: *Oui. J'ai aussi deux lettres à envoyer : celle-ci est pour l'Angleterre, et celle-là pour les États-Unis. Pourriez-vous les peser, s'il vous plaît? Il faut les affranchir.*
Yes, it is. I also have two letters to send: this one is for England, and that one for the United States. Could you weigh them please? They need stamping.

l'employée de poste: *Donnez-moi vos lettres. Je vais les peser sur la balance... Voilà vos timbres.*
Give me your letters. I am going to weigh them on the scale... Here are your stamps.

Paul: *Merci. Et je voudrais envoyer un colis à Montréal. Est-ce que ça met longtemps par avion ?*
Thank you. And I would like to send a package to Montreal. Does it take long by plane?

l'employée de poste:	Ça met une semaine, plus ou moins. Quand il y a des jours fériés, ça met un peu plus longtemps. Il faut remplir cette fiche. Tenez ! Écrivez ici le nom et l'adresse de l'expéditeur et du destinataire.
	It takes a week, more or less. When there are holidays, it takes a little longer. You have to fill out this form. Here you are! Write the name and address of the sender and the addressee here.
Paul:	Que faut-il écrire sur cette ligne ?
	What do I have to write on this line?
l'employée de poste:	Là, il faut indiquer le contenu du colis.
	Et il faut dire quelle est sa valeur approximative.
	There you must indicate the contents of the package.
	And you must say what its approximate value is.
Paul:	Bon. C'est tout ! Avec les timbres, ça fait combien ?
	OK. That's it. With the stamps, how much is that?
l'employée de poste:	En tout, ça fait vingt euros cinquante.
	Altogether that's twenty euros fifty.
Paul:	Voilà madame ! Je vous remercie. Au revoir.
	Here you are, ma'am! Thank you. Goodbye.

Grammaire / Grammar

1. IL FAUT / IT IS NECESSARY TO

Il faut is an impersonal expression (only conjugated with the impersonal subject pronoun il).
It is followed by an infinitive:

Il faut affranchir les lettres.
It is necessary to stamp the letters.

Il ne faut pas prendre cette enveloppe !
You mustn't take this envelope.

Faut-il remplir une fiche ?
Is it necessary to fill out a form?

Il faut écrire l'adresse sur le papier.
You have to write the address on the paper.

Il faut indiquer le contenu du colis.
It is necessary to indicate the contents of the package.

Il faut can also be followed by a noun:

Pour écrire, il faut un stylo.
In order to write, one needs a pen.

2. VERBE (METTRE) / VERB (TO PUT/TO PUT ON)

mettre to put

je	mets (meh)	nous	mettons (may-tohN)
tu	mets (meh)	vous	mettez (may-tay)
il	met (meh)	ils	mettent (meht)

Examples:

L'employée met le colis sur la balance.
The employee puts the package on the scale.

Mettons-nous ces lettres à la poste aujourd'hui ?
Do we mail these letters today?

Par avion, ça met une semaine.
By airmail, it takes a week.

3. LES PRONOMS COMPLEMENTS D'OBJET DIRECT / DIRECT OBJECT PRONOUNS

The direct object pronouns (I take it, I see her, he sees us, etc.).

Direct Object Pronouns

me (me)	nous (us)
te (you)	vous (you)
le (him/it)	les (them)
la (her/it)	

Je prends le timbre. = Je le prends (here, le stands for le timbre).
I take the stamp. I take it.

Je prends la lettre. = Je la prends (here, la stands for la lettre).
I take the letter. I take it.

Both le and la become l' when the verb begins with a vowel or a silent h:

J'étudie la leçon.   = Je l'étudie.

Je prends les papiers.   = Je les prends (here, les stands for les papiers).
I take the papers.   I take them.

Do not confuse these direct object pronouns (le, la, l' and les) with the definite articles (le, la, l' and les) which come before nouns (le livre: the book/la serveuse: the waitress).

Here are other examples of direct objects replaced by pronouns. Notice how, in French, the direct object pronoun is placed before the verb.

Je connais M. et Mme Sorel. = Je les connais.
I know Mr. and Mrs. Sorel.   I know them.

Je ne connais pas Édouard.   = Je ne le connais pas.
I don't know Édouard.   I don't know him.

Connaissez-vous Sylvie ?   = La connaissez-vous ?
Do you know Sylvie?   Do you know her?

Paul, je te connais bien !
Paul, I know you well!

Vous écrivez une lettre, et vous l'envoyez !
You write a letter, and you send it!

Qui nous appelle ?
Who is calling us?

Est-ce que je peux vous payer demain ?
Can I pay you tomorrow?

Où est le patron ? Le voici !
Where is the boss? Here he is!

Elle m'aime.
She likes/loves me.

4. VERBES (DIRE/LIRE/ÉCRIRE/VOIR) / VERBS (TO SAY/TO READ/TO WRITE/TO SEE)

dire to say			
je	dis *(dee)*	nous	disons *(dee-zohN)*
tu	dis *(dee)*	vous	dites *(deet)*
il	dit *(dee)*	ils	disent *(deez)*

Examples:

Paul dit quelle est la valeur du colis.
Paul says what the value of the package is.

Qu'est-ce que vous dites ?
What are you saying?

Notice that we say: je dis bonjour   but   je parle français
                      I say hello   I speak French

Another irregular verb:

lire to read

je	lis *(lee)*	nous	lisons *(lee-zohN)*
tu	lis *(lee)*	vous	lisez *(lee-zay)*
il	lit *(lee)*	ils	lisent *(leez)*

Examples:

Qu'est-ce que vous lisez maintenant ?
What are you reading now?

Pouvez-vous lire cette ligne ?
Can you read this line?

Another irregular verb:

écrire to write

j'	écris *(jay-kree)*	nous	écrivons *(noo zay-kree-vohN)*
tu	écris *(tew ay-kree)*	vous	écrivez *(voo zay-kree-vay)*
il	écrit *(eel ay-kree)*	ils	écrivent *(eel zay-kreev)*

Examples:

Ici, les étudiants n'écrivent pas en espagnol.
Here, the students do not write in Spanish.

Nous écrivons souvent à nos parents.
We often write to our parents.

Another irregular verb:

---

voir to see

je	vois *(vwah)*	nous	voyons *(vwah-yohN)*
tu	vois *(vwah)*	vous	voyez *(vwah-yay)*
il	voit *(vwah)*	ils	voient *(vwah)*

Examples:

Est-ce que vous voyez la sortie ?
Do you see the exit?

Que vois-tu sur la table ?
What do you see on the table?

5. LES PRONOMS DEMONSTRATIFS / DEMONSTRATIVE PRONOUNS

Les pronoms démonstratifs
The demonstrative pronouns (I will buy this one, I have these, etc.)

They can be: masculine singular, feminine singular, masculine plural, or feminine plural.

Voici deux livres : celui-ci est pour moi, et celui-là est pour toi.
Here are two books: this one is for me, and that one is for you.

J'ai deux lettres à envoyer : celle-ci et celle-là.
I have two letters to send: this one and that one.

Il y a beaucoup d'employés : ceux-ci travaillent dans un bureau de poste, ceux-là travaillent dans une banque.
There are many employees: these work in a post office, those work in a bank.

Voilà des cartes postales : celles-ci sont grandes, celles-là sont petites.
Here are some postcards: these are large, those are small.

5. L'IMPÉRATIF (SUITE) / THE IMPERATIVE (CONTINUED)

These imperatives appear in the dialogue:

Attendez ! from the verb attendre (third group, regular; we will examine them in the next lesson).
It means "Wait!"

Tenez !, from the verb tenir (same type of conjugation as venir).
It means "Hold!", or more simply: "Here you are!"/"Here!"

Voyons ! from the verb voir. Voyons is the nous (we) person of the imperative, translated in English as "Let's see!"

7. LE FUTUR PROCHE (ALLER + INFINITIF) / THE NEAR FUTURE (TO GO + INFINITIVE)

aller + infinitif to go + infinitive

This construction is called the "near future" (le futur proche).

Demain, je vais voir des amis.
Tomorrow, I am going to see some friends.

Nous allons écrire une carte postale.
We are going to write a postcard.

Et toi, qu'est-ce que tu vas faire demain ?
And you, what are you going to do tomorrow?

Note the place of ne and pas in the negative of the near future:

Je ne vais pas lire ce livre !
I am not going to read this book!

Vocabulaire / Vocabulary

un timbre: *a stamp*
une enveloppe: *an envelope*
une balance: *a scale*
un colis: *a package*
par avion: *by air mail*
une lettre à envoyer: *a letter to send*
l'expéditeur *m*/**l'expéditrice** *f:* *the sender*
le/la destinataire: *the addressee*
une ligne: *the line*
affranchir: *to stamp*
envoyer: *to send*
Pourriez-vous… ?: *Could you…?*
peser: *to weigh*
mettre: *to put*
tenir: *to hold*
écrire: *to write*
lire: *to read*
Voyons… : *Let's see…*
Attendez !: *Wait!*
il faut: *it's necessary/you need to*
indiquer: *to indicate*

le contenu: *the contents*
dire: *to say*
la valeur: *the value*
approximatif *(m sing.)*/
approximative *(f sing.):* *approximate*
approximatifs *(m. plur.)*/
approximatives *(f plur.)*
Ça fait combien ?/Combien ça fait ?: *How much is that?*
sans: *without*
celui-ci *m*/**celle-ci** *f:* *this one*
ceux-ci *m*/**celles-ci** *f:* *these ones*
celui-là *m*/**celle-là** *f:* *that one*
ceux-là *m*/**celles-là** *f:* *those ones*
nécessaire: *necessary*
plus ou moins: *more or less*
quand: *when*
un jour férié: *a public holiday*
là: *there*
C'est tout !: *That's it!/That's all!*
la sortie: *the exit*

Exercices / Exercises

Exercise A

RÉPONDEZ D'APRÈS LE DIALOGUE

Answer these questions about the dialogue in Lesson 9.

1.Est-ce que Paul veut une carte postale ?

....

2. Veut-il des timbres ? ....

3. Combien de lettres veut-il envoyer ?

....

4. Où veut-il les envoyer ? ....

5. Est-ce que l'employée de poste va peser les lettres ?

....

6. Paul veut-il envoyer son colis à Québec ou à Montréal ?

....

7. Par avion, est-ce que ça met deux jours ou une semaine ?

....

8. Quand il y a des jours fériés, est-ce que ça met plus longtemps ou moins longtemps ?

....

9. Qu'est-ce qu'il faut remplir avant d'envoyer le colis ?

....

10. Faut-il écrire le numéro de téléphone de l'expéditeur ?

....

11. Alors, que faut-il écrire ?

....

12. Combien va-t-il payer, en tout ?

....

Exercise B

UTILISEZ LE PRONOM COMPLÉMENT D'OBJET DIRECT POUR LES MOTS SOULIGNÉS

Rewrite these sentences while replacing the <u>underlined</u> direct object with the appropriate direct object pronoun. Pay attention to the placement of these pronouns

Exemple: Elle prend les lettres. = Elle les prend.

1. Paul remplit <u>la fiche</u> ....

2. Il écrit le nom du <u>destinataire</u> ....

3. Nous mettons <u>les colis</u> à la poste ....

4. Tu connais <u>Valérie</u> ? ....

5. Je ne vois pas <u>le nom de l'expéditeur</u> ....

6. Avez-vous <u>les billets de théâtre</u> ? ....

7. On ne sert pas <u>ce client</u> ! ....

8. Maintenant, vous lisez <u>la phrase numéro 8</u>. ....

....

Exercise C

COMPLÉTEZ SELON L'EXEMPLE

Fill in the blanks with the appropriate demonstrative pronouns.

Exemple: Ce colis va en Angleterre, et celui-là va aux États-Unis.

1. Ces timbres sont pour l'Europe, et .... sont pour les États-Unis.

2. Cette secrétaire tape très vite, et .... aussi !

3. Ce stylo n'écrit pas, mais .... écrit très bien.

4. Ces employés sont français et .... sont allemands.

5. Ce garçon dit toujours bonjour, mais... ne le dit jamais !

10. The Weather

Lesson 10 is all about the weather. You will learn new verbs, as well as the months and seasons. You will also improve and build on your language skills by learning how to use direct object pronouns to make more complicated (and natural) sentences.

QUEL TEMPS FAIT-IL ? WHAT'S THE WEATHER LIKE?

Mme Sorel:	Alors, Paul, vous partez pour le weekend ? Je sais que vous avez de la famille à la campagne.
	So, Paul, are you leaving for the weekend? I know that you have family in the country.
Paul:	Non, je reste à Paris.
	No, I'm staying in Paris.
Mme Sorel:	Vraiment ? Pourquoi ? La campagne est si belle en cette saison de l'année !
	Really? Why? The countryside is so pretty at this time of year!
Paul:	C'est vrai, mais j'aime me promener dans Paris, surtout quand il fait beau. Comme aujourd'hui, par exemple ! Regardez ce soleil ! Regardez ce beau ciel bleu ! Il n'y a presque pas de nuages.
	That's true, but I like to take walks in Paris, especially when the weather is nice. Like today, for instance. Look at the sun! Look at this beautiful blue sky! There are hardly any clouds!
Mme Sorel:	On dit qu'il va faire mauvais demain. Qu'est-ce que vous faites quand il pleut pendant le weekend ?
	They say the weather is going to be bad tomorrow. What do you do when it rains on the weekend?

Paul:	Je mets mon imperméable ou bien je prends mon parapluie ! Et je vais me promener ! D'ailleurs, on peut toujours prendre le bus. Ce passe Navigo* est formidable. Il est vraiment très pratique.
	I put on my raincoat, or I take my umbrella and I go for a walk! Besides, you can always take the bus. This Navigo pass is great! It's really handy.
Mme Sorel:	D'accord, mais s'il fait froid, vous restez chez vous, non ?
	OK, but if it's cold, you stay home, right?
Paul:	Pas du tout ! S'il fait froid, je mets un pull, et voilà ! J'ai des amis étudiants un peu partout à Paris – surtout dans le Quartier latin. Alors, je vais les voir et on passe l'après-midi ensemble. Généralement, on bavarde, on regarde la télé, on écoute de la musique ou on lit des magazines.
	Not at all! If it's cold, I put on a sweater, and that's it! I have friends all over Paris – especially in the Latin Quarter. So, I go see them and we spend the afternoon together. Usually, we chat, we watch TV, we listen to music, or we read magazines.
Mme Sorel:	Eh bien, moi, je préfère les vacances loin de Paris ! En hiver, je vais à la montagne, et en été, quand il fait trop chaud, je vais à la plage !
	Well, as far as I am concerned, I prefer vacations away from Paris! In the winter, I go to the mountains, and in the summer, when it is too hot, I go to the beach.
Paul:	Ça, ce n'est pas mal non plus.
	That's not bad either.

*The passe Navigo is a weekly or monthly public transportation card that can be purchased in Paris, authorizing passengers unlimited travel by bus and subway.

Grammaire / Grammar

1. LES MOIS DE L'ANNEE / THE MONTHS OF THE YEAR

Les mois de l'année.
The months of the year.

Combien de mois y a-t-il dans une année ?
How many months are there in a year?

Il y a douze mois dans une année.
There are twelve months in a year.

Ce sont:

janvier *(zhawN-veeyay)*
février *(fay-vreeyay)*
mars *(mahrs)*
avril *(ah-vreel)*
mai *(meh)*
juin *(zhew-ehN)*

juillet *(zhweeyeh)*
août *(oot)*
septembre *(sep-tawNbr)*
octobre *(ohk-tohbr)*
novembre *(noh-vawNbr)*
décembre *(day-sawNbr)*

2. LES SAISONS / THE SEASONS

Les saisons.
The seasons.

Combien de saisons y a-t-il en France ?
How many seasons are there in France?

En France, il y a quatre saisons.
In France there are four seasons.

Ce sont:

l'hiver	le printemps	l'été	l'automne
(lee-vehr)	*(prehN-tawN)*	*(lay-tay)*	*(loh-tohn)*
winter	spring	summer	autumn/fall

Je n'aime pas l'hiver !
I don't like winter!

Nous préférons le printemps.
We prefer spring.

Quelle saison préférez-vous, l'été ou l'automne ?
What season do you like best, summer or fall?

3. QUEL TEMPS FAIT-IL ? / WHAT'S THE WEATHER LIKE?

Quel temps fait-il ?
What's the weather like?/How is the weather?

En hiver, il fait froid.
In the winter, it's cold.

En été, il fait chaud.
In the summer, it's warm.

En automne, il fait frais.
In the fall, it's cool.

Au printemps, il fait bon.
In the spring, it's pleasant.

Note the use of au instead of en in the preceding example: au printemps (instead of en which is used for the other seasons as well as the months).

Généralement, est-ce qu'il fait chaud en janvier à Paris ?
Usually, is it hot in January in Paris?

Généralement, fait-il froid en août à Paris ?
Usually, is it cold in August in Paris?

4. VERBES (ATTENDRE/RÉPONDRE) / VERBS (TO WAIT FOR/TO ANSWER)

Attendre is a typical verb of the third group: verbs ending in re. (The other two groups, studied in previous lessons, are the verbs ending in er – like travailler – and the verbs ending in ir – like finir.)

attendre to wait for/to wait			
j'	attend**s** (zhah-tawN)	nous	attend**ons** (noo zah-tawN-dohN)
tu	attend**s** (ah-tawN)	vous	attend**ez** (voo zah-tawN-day)
il	attend (ah-tawN)	ils	attend**ent** (eel-zah-tawNd)

The d is pronounced only in the plural persons (attendons, attendez, attendent).

Les étudiants attendent l'autobus.
The students are waiting for the bus.

Je n'attends pas Sylvie !
I'm not waiting for Sylvie!

Qui attendez-vous ? (= Qui est-ce que vous attendez ?)
Who are you waiting for?

Notice, in the preceding example, that the interrogative word qui is placed before the form est-ce que + statement.

Qu'attends-tu ? (= Qu'est-ce que tu attends ?)
What are you waiting for?

Notice that the interrogative word que (here, qu') is placed before the form est-ce que + statement.

Répondre is another regular verb of the third group (re ending).

répondre to answer			
je (ray-pohN)	répond**s**	nous	répond**ons** (ray-pohN-dohN)
tu (ray-pohN)	répond**s**	vous	répond**ez** (ray-pohN-day)
il (ray-pohN)	répond	ils	répond**ent** (ray-pohNd)

Répondez-vous aux questions ?
Are you answering the questions?

Est-ce que nous répondons en français ? (= Répondons-nous en français ?)
Are we answering in French?

Est-ce que Mme Sorel répond au téléphone ? (= Mme Sorel répond-elle au téléphone ?)
Is Mrs. Sorel answering the phone?

In the last example above (interrogative using the inversion), notice the construction.
Mme Sorel + verbe + elle.

This type of construction occurs only in the third person (il, elle, ils, or elles) interrogative inversion, when the subject is a noun (here, Mme Sorel).

Other examples of this:

Paul répond-il en anglais ? (= Est-ce que Paul répond en anglais ?)
Does Paul answer in English?

Les étudiants répondent-ils parfaitement ?
Do the students answer perfectly?

La secrétaire part-elle pour le weekend ?
Is the secretary leaving for the weekend?

Catherine et Nathalie attendent-elles leurs amis ?
Are Catherine and Nathalie waiting for their friends?

5. LA CONJONCTION "QUE" / THE CONJUNCTION "THAT"

That as a conjunction: *I know that she is here, I hope that you are well, etc.*

Je sais. Vous avez de la famille à la campagne.
Je sais que vous avez de la famille à la campagne.
I know that you have family in the country./I know you have family in the country.

The conjunction *that* is sometimes omitted in English but its equivalent in French (que or qu') is never omitted.

Examples:

On dit qu'il va faire mauvais demain.
They say the weather is going to be bad tomorrow.

J'espère que vous pouvez lire cette phrase.
I hope you can read this sentence.

4. LES PRONOMS COMPLEMENTS D'OBJET DIRECT (SUITE) / DIRECT OBJECT PRONOUNS (CONTINUED)

In the previous lesson (Lesson 9), we have studied the direct object pronouns (me, te, le, la, l', nous, vous, les), and where to place them in a regular sentence (they go before the verb).

When there are two verbs in the sentence, the direct object pronouns are placed before the second verb.

Examples:

Vous allez le lire.
You are going to read it.

Tu espères la voir.
You hope to see her.

Cette lettre, il ne faut pas l'envoyer !
You mustn't send this letter!

Le bus ? On peut le prendre, avec le passe Navigo !
The bus? You can take it, with the Navigo pass!

Savent-ils le faire ?
Do they know how to do it?

J'aime me promener*.
I enjoy taking walks.

*Go to Lessons 15 and 17 for more on **Reflexive Verbs**.

Quel temps fait-il ?: *What's the weather like?*

il fait beau: *the weather is beautiful*

il fait froid: *it's cold*

il fait chaud: *it's hot*

il pleut: *it's raining*

il va faire mauvais: *it's going to get bad*

le ciel: *the sky*

bleu *(m sing.)/***bleue** *(f sing.): blue*

bleus *(m plur.)/***bleues** *(f plur.)*

ce beau ciel bleu: *this beautiful blue sky*

le soleil: *the sun*

un nuage: *a cloud*

un imperméable: *a raincoat*

je mets mon imperméable: *I put on my raincoat*

un parapluie: *an umbrella*

un pull/un sweater (Canada): *a sweater*

mettre un pull: *to put on a sweater*

une année: *a year*

une saison: *a season*

l'hiver: *winter*

en hiver: *in the winter*

l'été: *summer*

en été: *in the summer*

le printemps: *spring*

au printemps: *in the spring*

l'automne: *fall*

en automne: *in the fall*

la plage: *the beach*

la montagne: *the mountain*

le weekend: *the weekend*

la famille: *the family*

la campagne: *the countryside*

je reste: *I stay*

rester: *to stay*

se promener: *to take a walk*

je vais me promener: *I'm going to take a walk*

j'aime: *I like/I enjoy*

j'aime me promener: *I enjoy taking walks*

Qu'est-ce que vous faites ?: *What do you do?/What are you doing?*

le bus/l'autobus: *the bus*

formidable: *great/wonderful/terrific*

pratique: *practical/convenient/handy*

des amis étudiants: *student friends*

passer l'après-midi: *to spend the afternoon*

Regardez !: *Look!*

la télé (la télévision): *TV (television)*

regarder la télé: *to watch television*

écouter: *to listen*

la musique: *music*

de la musique: *some music*

un magazine: *a magazine*

les vacances: *the vacation*

beau *(m sing.)/***belle** *(f sing.): pretty, attractive, nice*

beaux *(m plur.)/***belles** *(f plur.)*

pour: *for*

vraiment: *really*

surtout: *especially*

comme: *like, as*

par exemple: *for example*

presque: *almost*

pendant: *during*

pas du tout: *not at all*

d'ailleurs: *in addition*

partout: *everywhere/all over*

un peu partout: *nearly all over*
ensemble: *together*
généralement: *generally/usually*
loin: *far*

trop: *too (much)*
mal: *badly/bad*
ce n'est pas mal: *it's not bad*

Exercices / Exercises

Exercise A

RÉPONDEZ D'APRÈS LE DIALOGUE

Answer these questions about the dialogue in Lesson 10.

1. Paul part-il pour le weekend ?

....

2. Paul a-t-il de la famille à la campagne ?

....

3. Est-ce que Paul aime se promener à Paris ?

....

4. Le ciel est-il bleu ? ....

5. Est-ce qu'il y a du soleil ? ....

6. Paul dit-il qu'il va se promener ?

....

7. Paul aime-t-il le passe Navigo ?

....

8. Avec le passe Navigo, peut-on prendre un taxi ?

....

9. Le passe Navigo, c'est pour l'autobus ?

....

10. st-il pratique ?..

11. Généralement, fait-il très froid en été à Paris ?

....

12. Fait-il trop chaud en hiver ?..

13. En quelle saison fait-il chaud ?..

14. Paul met-il un pull quand il fait très chaud ?

....

15. Mettez-vous votre imperméable quand il pleut ?

....

16. Paul a-t-il beaucoup d'amis à Paris ?

....

17. Paul va-t-il les voir ?..

18. Dans quel quartier sont-ils ?

....

19. Quand Paul est chez ses amis, que fait-il ?

....

20. Quand Mme Sorel a des vacances, reste-t-elle à Paris ?

....

21. Mme Sorel, où va-t-elle en hiver ?

....

22. Est-ce qu'elle y va aussi en été ?

....

23. Où va-t-elle en été ?

....

11. Making Plans

Lesson 11 will further develop your command of natural speech as this chapter revolves around making plans. You will also learn how to form and use the past tense. Don't forget that you can be listening to your vocabulary audio downloads even when you're not using the book.

ILS ONT ACHETÉ TOUT CE QU'IL FAUT.
THEY BOUGHT ALL THAT IS NECESSARY

Aujourd'hui, Albert et Nathalie vont faire un piquenique à la campagne avec des amis.
Today, Albert and Nathalie are going to have a picnic in the country with friends.

Nathalie:	Albert, as-tu parlé à ton amie Catherine ? Est-ce qu'elle vient ? Albert, did you speak to your friend Catherine? Is she coming?
Albert:	Oui, je lui ai téléphoné hier soir. Elle va venir avec deux de ses amis. En tout, nous allons être cinq. Ils vont apporter le fromage et le dessert. Yes, I called her last night. She is coming with two friends of hers. In all, there will be five of us. They are going to bring the cheese and the dessert.
Nathalie:	Ah, très bien ! Great!
Albert:	Mmm! Qu'est-ce que tu nous prépares ? Mmm! What are you preparing for us?

Nathalie:	Je prépare une salade délicieuse, tu vas voir !
	I am preparing a delicious salad, you'll see!
Albert:	Moi, je ne sais pas faire la cuisine. Alors, j'ai acheté deux pou lets rôtis. Ça va ?
	I don't know how to cook. So I bought two roast chickens. Is that all right?
Nathalie:	C'est parfait ! Donne. Je vais les mettre dans ce panier.
	It's perfect! Give them to me. I am going to put them in this basket.
Albert:	On a tout ce qu'il faut ?
	Do we have all we need?
Nathalie:	Non, il faut encore acheter le vin à l'épicerie du coin. Et il faut aller chercher le pain, bien sûr.
	No, we still need to buy the wine at the corner grocery store. And we must go and get the bread, of course.
Albert:	J'y vais !
	I'll go!
Nathalie:	Merci, tu es gentil. La boulangerie est juste en face de l'immeuble. Et pour le vin, il y a une épicerie et une charcuterie un peu plus loin. Tu sais où c'est ?
	Thank you, that's nice of you. The bakery is just opposite the building. And for the wine, there is a grocery store and a delicatessen a little further.
	Do you know where it is?
Albert:	Oui, je sais. À tout à l'heure.
	Yes, I do. See you later.
Nathalie:	Fais vite, Albert ! Nous partons dès que tes amis arrivent !
	Be quick, Albert! We're leaving as soon as your friends arrive!

Grammaire / Grammar

1. ALLER + INFINITIF / TO GO + INFINITIVE

The simplest way to express the future is by using the present tense of the verb.

Example:

Demain, je prends l'avion pour Marseille.
Tomorrow, I am taking the plane to Marseille.

But you may also use aller + infinitif (just as you use *"to go + infinitive"* in English.)

Examples:

Demain, je vais prendre l'avion pour Marseille.
Tomorrow, I am going to fly to Marseille.

Demain, je finis cette leçon. = Demain, je vais finir cette leçon.
Tomorrow, I am finishing this lesson. = Tomorrow, I am going to finish this lesson.

La semaine prochaine, nous partons en vacances. = La semaine prochaine, nous allons partir en vacances.
Next week, we are going on vacation. = Next week, we are going to go on vacation.

Nos amis arrivent le mois prochain. = Nos amis vont arriver le mois prochain.
Our friends arrive next month. = Our friends are going to arrive next month.

Qu'est-ce que vous faites ce soir ? = Qu'est-ce que vous allez faire ce soir ?
What are you doing tonight? = What are you going to do tonight?

Nathalie et Albert vont faire un piquenique.
Nathalie and Albert are going to have a picnic.

Je vais mettre le poulet rôti dans le panier.
I am going to put the roast chicken in the basket.

The interrogative and the negative constructions are as shown in the following examples:

Vas-tu mettre ton imperméable ?
Are you going to put on your raincoat?

Catherine ne va pas apporter de salade. Elle va apporter du fromage.
Catherine is not going to bring salad. She is going to bring cheese.

2. LE PASSÉ COMPOSÉ / THE PAST TENSE

The passé composé is the most frequently used of the past tenses in French.

One easy way to form the past tense in French is by using the auxiliary verb avoir (conjugated in the present) + past participle of the main verb.

Examples:

Aujourd'hui, je parle à Nathalie. Hier, j'ai parlé à Catherine.
Today, I speak to Nathalie. Yesterday, I spoke to Catherine.

Ai is the verb avoir (to have), and parlé (pahr-leh) is the past participle of the verb parler. In other words, the past participle (parlé, here) is the necessary "second half" of the compound past tense.

j'	ai parlé	I have spoken/I spoke
tu	as parlé	you have spoken/you spoke (informal)
il/elle	a parlé	he has spoken/he spoke/she has spoken/she spoke
nous	avons parlé	we have spoken/we spoke
vous	avez parlé	you have spoken/you spoke (formal & plural)
ils/elles	ont parlé	they have spoken/they spoke

3. PARTICIPES PASSÉS DES VERBES REGULIERS/PAST PARTICIPLES OF REGULAR VERBS

A) Participes passés des verbes réguliers du premier groupe
Past participles of regular verbs of the first group (er verbs)

The past participle of a regular er verb (parlé, donné, acheté, etc.) is pronounced the same way as the infinitive (parler, donner, acheter, etc.). Here the er ending changes to é.

Here are the past participles of other regular er verbs (first group) that you have studied:

étudié	(past participle of the verb étudier)
voyagé	(past participle of the verb voyager)
donné	(past participle of the verb donner)
commencé	(past participle of the verb commencer)
envoyé	(past participle of the verb envoyer)
payé	(past participle of the verb payer)
acheté	(past participle of the verb acheter)

Aujourd'hui, nous étudions la leçon 11. Hier, nous avons étudié la leçon 10.
Today, we are studying Lesson 11. Yesterday, we studied Lesson 10.

Maintenant, M. Sorel voyage. Le mois dernier, il n'a pas voyagé.
Now, Mr. Sorel travels. Last month, he did not travel.

Hier, le professeur a-t-il donné des livres aux étudiants ?
Yesterday, did the teacher give books to the students?

Avez-vous déjà commencé la leçon 12 ?
Have you started Lesson 12 already?

M'avez-vous envoyé une lettre la semaine dernière ?
Did you send me a letter last week?

Est-ce que je vous ai payé ?
Have I paid you?

Pourquoi Albert a-t-il acheté des poulets rôtis ?
Why did Albert buy roast chickens?

B) Participes passés des verbes réguliers du deuxième groupe
Past participles of regular verbs of the second group (ir verbs)

The ir ending changes to i *(ee)*.

Examples:

fini	(past participle of the verb finir)
rempli	(past participle of the verb remplir)

Hier, j'ai fini la leçon 10.
Yesterday, I finished Lesson 10.

Au bureau de poste, Paul a rempli un formulaire.
At the post office, Paul filled out a questionnaire.

C) Participes passés des verbes réguliers du troisième groupe
Past participles of regular verbs of the third group (re verbs)

The re ending changes to u *(ew)*.

Examples:

attendu	(past participle of the verb attendre)
répondu	(past participle of the verb répondre)

Albert et Nathalie <u>ont attendu</u> leurs amis.
Albert and Nathalie waited for their friends.

Hier soir, tu <u>n'as pas attendu</u> l'autobus.
Last night, you didn't wait for the bus.

<u>Avez</u>-vous <u>répondu</u> à la question ?
Did you answer the question?

Later, we will study some irregular past participles (past participles that differ from the above-mentioned pattern).
We will also study a small group of verbs that use être + past participle (instead of avoir + past participle) to form their past tense.

4. LES PRONOMS COMPLÉMENTS D'OBJET INDIRECT / INDIRECT OBJECT PRONOUNS

Indirect object pronouns (to me, to him, to us, to you, to them, etc.)

In French, the indirect object pronouns are:

<u>me</u> to me/for me	lui *(lew-ee)* to him/to her/to it (or for…)
<u>te</u> to you (familiar singular)/for you	<u>nous</u> to us/for us
<u>vous</u> to you (formal or plural)/for you	leur *(luhr)* to them/for them

In a regular sentence, they are placed before the verb, just like the direct object pronouns (see preceding Lessons 9 and 10), which they resemble (except for lui and leur). In some cases, a verb may be followed by an indirect object in French and not in English (and vice versa).

For example:

J'ai téléphoné à ma mère.
I called my mother.

In the French sentence ma mère is an indirect object because of the preposition à after the verb téléphoner, whereas in English, *"my mother"* is a direct object because there is no preposition (such as *"to"*) after the verb *"to call"*.

Je te sers du vin.
I am serving you wine.

Je parle à Catherine. = Je lui parle.
I am talking to Catherine. = I am talking to her.

Je parle à Catherine et à Robert. = Je leur parle.
I am talking to Catherine and Robert. = I am talking to them.

Le patron donne du travail à son employé. Il lui donne une lettre à taper.
The boss is giving some work to his employee. He is giving him a letter to type.

Le professeur donne un livre aux étudiants. Il leur donne un livre de français.
The teacher is giving a book to the students. He is giving them a French book.

Nathalie prépare une salade pour ses amis. Elle leur prépare une salade délicieuse.
Nathalie is preparing a salad for her friends. She is preparing them a delicious salad.

As-tu parlé à Paul ? Quand lui as-tu téléphoné ?
Have you spoken to Paul? When did you call him?

Je lui ai téléphoné hier.
I called him yesterday.

Other examples of indirect pronouns:

Tu me prépares un sandwich ?
Are you preparing me a sandwich?

Est-ce que je vous apporte quelque chose ?
Do I bring you something (anything)?

Qu'est-ce que Nathalie nous a apporté ?
What did Nathalie bring us?

Vous lui avez envoyé une lettre ?
You sent her a letter, didn't you?

Vocabulaire / Vocabulary

hier: *yesterday*

hier soir: *yesterday evening*

acheter: *to buy*

ils ont acheté: *they have bought*

As-tu parlé ?: *Have you spoken?*

Je lui ai téléphoné: *I called her.*

faire un piquenique: *to have a picnic*

deux de ses amis: *two friends of hers*

en tout: *altogether*

Nous allons être cinq: *There will be five of us.*

apporter: *to bring*

ils vont apporter: *they're going to bring*

Tu vas voir !: *You'll see!*

mettre: *to put*

je vais les mettre: *I'm going to put them*

tu prépares: *you prepare*

préparer: *to prepare*

le fromage: *the cheese*

le dessert: *the dessert*

une salade: *a salad*

délicieux *(m sing.)*/**délicieuse** *(f sing.)*: *delicious*

délicieux *(m plur.)*/**délicieuses** *(f plur.)*

un poulet rôti: *a roast chicken*

faire la cuisine: *to do the cooking*

la cuisine: *cooking*

Donne !: *Give (me)!*

donner: *to give*

un panier: *a basket*

tout ce qu'il faut: *all that we need/all that is necessary*

On a tout ce qu'il faut ?: *Do we have everything we need?*

il faut encore acheter...: *we still need to buy...*

le vin: *the wine*

le pain: *the bread*

une épicerie: *a grocery store*

une boulangerie: *a bakery*

une charcuterie: *a butcher's shop*

aller chercher: *go to look for, go to fetch*

chercher: *to look for*

j'y vais: *I'm going there*

un coin: *a corner*

en face de: *opposite*

un immeuble: *a building*

juste en face de l'immeuble: *just opposite the building*

un peu plus loin: *a little further*

arriver: *to arrive*

À tout à l'heure !: *See you soon!*

Fais vite !: *Be quick!*

dès que: *as soon as*

ce soir: *this evening*

demain soir: *tomorrow evening*

la semaine prochaine: *next week*

le mois prochain: *next month*

Exercices / Exercises

Exercise A

RÉPONDEZ D'APRÈS LE DIALOGUE

Answer the questions using the Lesson 11 dialogue.

1. À qui Nathalie parle-t-elle ?

....

2. Albert lui répond-il en français ?

....

3. Est-ce qu'Albert a téléphoné à Catherine ?

....

4. Quand lui a-t-il donné ce coup de téléphone ?

....

5. Catherine va-t-elle venir avec sa famille ?

....

6. Avec qui Catherine va-t-elle venir chez Nathalie ?

....

7. Alors combien vont-ils être, en tout ?

....

8. Que vont apporter Catherine et ses amis ?

....

9. Que prépare Nathalie pour ce piquenique ?

....

10. Est-ce qu'Albert sait faire la cuisine ?

....

11. Qu'est-ce qu'il a acheté ? ....

12. Qui va mettre les poulets dans le panier ?

....

13. Qu'est-ce qu'il faut encore acheter ?

....

14. Où achète-t-on le pain ? ....

15. Où est cette boulangerie ? ....

16. Et la charcuterie, où est-elle ?..

17. Albert sait-il où est la charcuterie ?

....

18. Qu'est-ce qu'il va chercher ? ....

Exercise B

COMPLÉTEZ LES PHRASES AVEC LE PASSÉ COMPOSÉ DES VERBES

Complete these sentences with the passé composé **(the past tense) of the verbs.**

Exemple: Hier, Nathalie a travaillé à la banque. (travailler)

1. Hier, Paul .... une carte postale. (envoyer)

2. Hier, j' .... la leçon 10. (étudier)

3. Hier, tu .... l'exercice de la leçon 10. (finir)

4. Hier, vous .... à vos amis. (téléphoner)

5. Hier, les amis de Catherine... du fromage. (acheter)

6. Est-ce que tu .... de la musique, hier soir ? (écouter)

7. Hier, nous .... l'autobus un quart d'heure. (attendre)

8. Non, je n' .... la télévision hier soir. (regarder)

Exercise C

UTILISEZ LE PRONOM COMPLÉMENT D'OBJET INDIRECT

Rewrite these sentences while replacing the underlined indirect object with the

appropriate indirect object pronoun.

Exemple: Je parle <u>à mes amis.</u> = Je leur parle.

1. Nous donnons un magazine <u>au professeur.</u> =

....

2. u as envoyé un colis <u>à M. et Mme Sorel.</u> =

....

3. Albert n'apporte pas le dessert <u>à Nathalie.</u> =

....

4. Le garçon a servi le petit déjeuner <u>à Albert et à Nathalie.</u> =

....

5. Répondez-vous tout de suite <u>au patron ?</u> =

....

12. Review: Lessons 7-11

This review section is a revision of what you have learnt so far. Take the time to listen to the audio dialogues again and see how much you can understand without turning back to the English versions in the previous chapters! Don't forget to do the short exercise section too!

RÉÉCOUTEZ ET RÉPÉTEZ À HAUTE VOIX LES DIALOGUES 7 À 11.
LISTEN AGAIN AND REPEAT OUT LOUD DIALOGUES 7 THROUGH 11.

DIALOGUE 7: L'ADDITION, S'IL VOUS PLAÎT !

Il est dix heures. Nathalie et un ami, Albert, sont assis à la terrasse d'un café. Ils lisent le menu du petit déjeuner.

Nathalie: Qu'est-ce que tu vas prendre, toi ?

Albert: Je n'ai pas très faim. Je vais seulement commander un café au lait et un croissant. Et toi ?

Nathalie: Moi, j'ai faim ce matin ! Je voudrais un thé au citron, une tartine de pain beurré, une brioche et de la confiture.

Albert: Je vais appeler le serveur. Au fait, qu'est-ce que tu fais cet après-midi, Nathalie ?

Nathalie:	Rien de spécial. Et toi ?
Albert:	Moi non plus. Rien. Il y a un cinéma dans le quartier. On y va ? Juste ment, il y a le nouveau film de François Ozon.
Nathalie:	D'accord. J'adore les films d'Ozon. Tu sais à quelle heure ça commence ?
Albert:	Oui, à quatorze heures trente. En attendant, on peut aller se promener au marché aux puces. C'est toujours intéressant.
Nathalie:	Bonne idée ! Allons-y tout de suite après le petit déjeuner.
Albert:	Oui, pourquoi pas ? Ah, enfin ! Voici le garçon qui vient prendre notre commande !

DIALOGUE 8: AVEZ-VOUS UNE RÉSERVATION ?

Aujourd'hui, Monsieur Sorel est dans la ville de Lyon. Il va à l'Hôtel du Centre, où il a une réservation pour la nuit. Maintenant, il se présente à la réceptionniste de l'hôtel.

M. Sorel:	Bonjour, mademoiselle. J'ai une réservation.
la réceptionniste:	Bonjour, monsieur. C'est à quel nom, s'il vous plaît ?
M. Sorel:	Au nom de Thomas Sorel.
la réceptionniste:	Ah, oui, voilà ! Une réservation pour une personne, n'est-ce pas ?
M. Sorel:	Oui, et pour une nuit. Je pars demain, avant midi.
la réceptionniste:	Bien, monsieur. Voulez-vous remplir cette fiche, s'il vous plaît ? Avez-vous des bagages ? Vous pouvez donner vos valises au porteur.
M. Sorel:	Non, merci. J'ai seulement cette petite valise. À quel étage est la chambre ?
la réceptionniste:	Au troisième étage, monsieur. Vous pouvez prendre l'ascenseur.

M. Sorel:	Merci. Est-ce que je peux donner un coup de téléphone de ma chambre ?
la réceptionniste:	Mais naturellement, monsieur. Voici la clé de votre chambre. C'est la chambre numéro 17.
M. Sorel:	Merci. Jusqu'à quelle heure servez-vous le petit déjeuner ?
la réceptionniste:	Jusqu'à dix heures, monsieur, dans la salle à manger du rez-de-chaussée.
M. Sorel:	Merci, mademoiselle.
la réceptionniste:	Je vous en prie. Au revoir, Mmonsieur Sorel.

DIALOGUE 9: IL FAUT ALLER À LA POSTE

Paul:	Je voudrais un timbre pour une carte postale sans enveloppe.
l'employée de poste:	C'est pour la France ?
Paul:	Oui. J'ai aussi deux lettres à envoyer : celle-ci est pour l'Angleterre, et celle-là pour les États-Unis. Pourriez-vous les peser, s'il vous plaît? Il faut les affranchir.
l'employée de poste:	Donnez-moi vos lettres. Je vais les peser sur la balance… Voilà vos timbres.
Paul:	Merci. Et je voudrais envoyer un colis à Montréal. Est-ce que ça met longtemps par avion ?
l'employée de poste:	Ça met une semaine, plus ou moins. Quand il y a des jours fériés, ça met un peu plus longtemps. Il faut remplir cette fiche. Tenez ! Écrivez ici le nom et l'adresse de l'expéditeur et du destinataire.
Paul:	Que faut-il écrire sur cette ligne ?
l'employée de poste:	Là, il faut indiquer le contenu du colis. Et il faut dire quelle est sa valeur approximative.

Paul: Bon. C'est tout ! Avec les timbres, ça fait combien ?

l'employée de poste: En tout, ça fait vingt euros cinquante.

Paul: Voilà madame ! Je vous remercie. Au revoir.

DIALOGUE 10: QUEL TEMPS FAIT-IL ?

Mme Sorel: Alors, Paul, vous partez pour le weekend ?
Je sais que vous avez de la famille à la campagne.

Paul: Non, je reste à Paris.

Mme Sorel: Vraiment ? Pourquoi ? La campagne est si belle en cette saison de l'année !

Paul: C'est vrai, mais j'aime me promener dans Paris, surtout quand il fait beau. Comme aujourd'hui, par exemple ! Regardez ce soleil ! Regardez ce beau ciel bleu ! Il n'y a presque pas de nuages.

Mme Sorel: On dit qu'il va faire mauvais demain. Qu'est-ce que vous faites quand il pleut pendant le weekend ?

Paul: Je mets mon imperméable ou bien je prends mon parapluie ! Et je vais me promener ! D'ailleurs, on peut toujours prendre le bus. Ce passe Navigo est formidable. Il est vraiment très pratique.

Mme Sorel: D'accord, mais s'il fait froid, vous restez chez vous, non ?

Paul: Pas du tout ! S'il fait froid, je mets un pull, et voilà ! J'ai des amis étudiants un peu partout à Paris – surtout dans le Quartier latin. Alors, je vais les voir et on passe l'après-midi ensemble. Généralement, on bavarde, on regarde la télé, on écoute de la musique ou on lit des magazines.

Mme Sorel: Eh bien, moi, je préfère les vacances loin de Paris ! En hiver, je vais à la montagne, et en été, quand il fait trop chaud, je vais à la plage !

Paul: Ça, ce n'est pas mal non plus.

DIALOGUE 11: ILS ONT ACHETÉ TOUT CE QU'IL FAUT.

Aujourd'hui, Albert et Nathalie vont faire un piquenique à la campagne avec des amis.

Nathalie: Albert, as-tu parlé à ton amie Catherine ? Est-ce qu'elle vient ?

Albert: Oui, je lui ai téléphoné hier soir. Elle va venir avec deux de ses amis. En tout, nous allons être cinq. Ils vont apporter le fromage et le dessert.

Nathalie: Ah, très bien !

Albert: Mmm! Qu'est-ce que tu nous prépares ?

Nathalie: Je prépare une salade délicieuse, tu vas voir !

Albert: Moi, je ne sais pas faire la cuisine. Alors, j'ai acheté deux poulets rôtis. Ça va ?

Nathalie: C'est parfait ! Donne. Je vais les mettre dans ce panier.

Albert: On a tout ce qu'il faut ?

Nathalie: Non, il faut encore acheter le vin à l'épicerie du coin. Et il faut aller chercher le pain, bien sûr.

Albert: J'y vais !

Nathalie: Merci, tu es gentil. La boulangerie est juste en face de l'immeuble. Et pour le vin, il y a une épicerie et une charcuterie un peu plus loin. Tu sais où c'est ?

Albert: Oui, je sais. À tout à l'heure.

Nathalie: Fais vite, Albert ! Nous partons dès que tes amis arrivent !

Exercices / Exercises

Exercise A

CHOISISSEZ L'ARTICLE APPROPRIÉ : LE, LA, L', OU LES ?

Choose the correct definite article for each of the following words.

Exemples: le café *(masc./sing.)*
la terrasse *(fem./sing.)*
l'addition *(masc. or fem. starting with a vowel/sing. or a silent h/sing.)*
les croissants *(masc. or fem./plural)*

1.. brioche

2.. tartines

3.. confiture

4.. thé

5.. films

6.. marché aux
puces

7.. réservation

8.. villes

9.. bagages

10.. porteurs

11.. étages

12.. ascenseur

13.. coup de
téléphone

14.. chambres

15.. salle à
manger

16.. rez-de-
chaussée

17.. bureau de
poste

18.. carte
postale

19.. enveloppe

20.. Amérique

21.. États-Unis

22.. colis

23.. jours fériés

24.. fiche

25.. adresse

26.. timbre

27. .... destinataire

28. .... expéditeur

29. .... papiers

30. .... ligne

31. .... contenu

32. .... valeur

33. .... euros

34. .... boulangerie

35. .... petite
    monnaie

36. .... temps

37. .... weekend

38. .... campagne

39. .... saisons

40. .... année

41. .... soleil

42. .... nuages

43. .... imperméable

44. .... pull

45. .... parapluie

46. .... autobus

47. .... bus

48. .... télévision

49. .... magazines

50. .... vacances

51. .... hiver

52. .... printemps

53. .... été

54. .... automne

55. .... montagne

56. .... plage

57. .... fromages

58. .... dessert

59. .... poulet rôti

60. .... panier

61. .... salade

62. .... vin

63. .... épicerie

64. .... charcuterie

65. .... immeuble

Exercise B

METTEZ LES VERBES AU PRÉSENT

Conjugate the verbs in the present tense.
Exemples: (prendre) Nos amis <u>prennent</u> leur petit déjeuner.
(écrire) Paul <u>écrit</u> son nom sur l'enveloppe.

1. (servir) Le garçon ne .... pas de champagne.

2. (mettre) Quand il fait froid, je .... un pull.

3. (lire) Que ....-vous ?

4. (espérer) J'... que vous pouvez lire cette phrase !

5. (attendre) Nous... un taxi.

6. (remplir) Paul et Robert .... des formulaires.

7. (payer) Vous... le garçon ?

8. (connaître) Je ne .... pas ce monsieur.

9. (peser) Est-ce que vous .... les lettres à la poste ?

10. (indiquer) Paul .... la valeur de son colis.

11. (dire) Qu'est-ce que vous .... ?

12. (faire) Combien ça .... ?

13. (voir) Je... mes amis le dimanche.

14. (rester) Est-ce que vous... en ville ce weekend ?

15. (arriver) Catherine et Michel .... à dix heures.

16. (faire) Qu'est-ce que tu... ?

17. (venir) Vous... avec nous à la campagne ?

18. (préférer) Nous... la plage !

19. (passer) On... l'après-midi ensemble.

20. (bavarder) Nous... pendant le petit déjeuner.

21. (donner) Tu me... ton livre ?

22. (apporter) Je vous.. du fromage.

23. (préparer) Nathalie nous.. une salade délicieuse !

24. (envoyer) Paul leur .... une carte postale.

25. (téléphoner) Ces étudiants vous .... -ils le dimanche ?

Exercise C

CHOISISSEZ LE PRONOM APPROPRIÉ

Replace the <u>underlined</u> object with the appropriate object pronoun (direct/indirect object pronoun or the pronoun y)

Exemples: Je vois les employés. = Je les vois. (les/leur)
Je parle à Nathalie. = Je lui parle. (la/lui)
Nous allons à Paris. = Nous y allons. (le/y)

1. J'appelle <u>le taxi</u>. = Je .... appelle. (l'/lui)

2. Vous commencez <u>l'exercice</u>. = Vous ....

.... commencez. (l'/le)

3. Albert va à <u>la charcuterie</u>. = Albert ....

.... va. (la/y)

4. Paul envoie une lettre <u>à ses amis</u>. = Paul ....

.... envoie une lettre. (les/leur)

5. Nous n'avons pas fini <u>ce livre</u>. = Nous ne ....

.... avons pas fini. (l'/lui)

6. As-tu téléphoné <u>aux clients</u>, hier ? = ...

.... as-tu téléphoné, hier ? (les/leur)

7. Les deux poulets sont <u>dans le panier.</u> = Les deux poulets ....

.... sont. (le/y)

8. Hier, est-ce qu'on a apporté une lettre à <u>ce monsieur</u> ? = Hier, est-ce qu'on ....

.... a apporté une lettre ? (l'/lui)

9. Demain, je vais dire bonjour à <u>Paul</u>. = Demain, je vais ....

.... dire bonjour. (le/lui)

10. Demain, je vais voir <u>M. et Mme Sorel.</u> = Demain, je vais ....

.... voir. (les/leur)

Exercise D

RÉPONDEZ AU FUTUR PROCHE

Answer in the "near future."

Exemples: Avez-vous étudié la leçon 13 ? Non, je vais étudier la leçon 13 demain.
L'employé a-t-il fini son travail ? Non, il va finir son travail demain.

1. As-tu parlé à la secrétaire ?

....

2. Le garçon de café a-t-il servi le petit déjeuner ?

....

3. Est-ce que vous avez attendu Catherine ?

....

4. Est-ce que j'ai payé les timbres ?

....

5. Les étudiants ont-ils répondu ?

....

13. Directions

Lesson 13 helps you to find your way around. You will delve deeper into the use of the past tense, and learn a more extensive list of vocabulary, as well as more on the imperative. Finally, you will learn how to use relative pronouns in French.

POURRIEZ-VOUS M'INDIQUER LE CHEMIN ?
COULD YOU SHOW ME THE WAY?

une touriste,
à Paris:

Pardon, monsieur l'agent… Je voudrais aller au musée du Louvre. Pourriez-vous m'indiquer le chemin, s'il vous plaît ?
Excuse me, officer… I would like to go to the Louvre museum. Could you show me the way, please?

un agent de la
circulation:

Mais certainement, madame. Voyons… Où sommes-nous ? Ah, oui ! Descendez cette rue jusqu'au boulevard des Italiens. C'est le boulevard que vous voyez là-bas. Quand vous arrivez au boulevard des Italiens, tournez à droite. Ensuite, allez tout droit jusqu'à la place de l'Opéra. À la place de l'Opéra, tournez à gauche. Prenez l'avenue de l'Opéra. Continuez tout droit, jusqu'au rond-point de la Comédie-Française.
Certainly. Let's see… Where are we? Oh, yes! Go down this street up to the "boulevard des Italiens." That's the boulevard you see over there. When you get to the "boulevard des Italiens," turn right. Then go straight up to the "place de l'Opéra." At the "place de l'Opéra," turn left. Take the "avenue de l'Opéra." Continue straight

	ahead, up to the roundabout of la Comédie-Française."
la touriste:	Oh là là ! C'est loin !
	My goodness! It's far!
l'agent:	Mais non, c'est à environ vingt minutes à pied !
	Not at all, it's about twenty minutes away, on foot!
la touriste:	Vraiment ? Bon. Une fois au rond-point de la Comédie-Française, je vais où ?
	Really? All right. Once at the roundabout of la Comédie-Française, where do I go?
l'agent:	Après, c'est très facile. Traversez la rue de Rivoli, qui est en face de vous. Marchez en direction du jardin des Tuileries. Et voilà, vous êtes arrivée !
	Then, it's very easy. Cross the "rue de Rivoli," which is in front of you. Walk towards the "jardin des Tuileries." And there you are!
la touriste:	Je suis arrivée ? Où ?
	I have arrived? Where?
l'agent:	Mais à l'esplanade du Carrousel ! Vous allez reconnaître la grande pyramide du Louvre qui se trouve au milieu !
	At the Carrousel esplanade! You will recognize the big pyramid of the Louvre which is in the middle!
la touriste:	C'est là que se trouve l'entrée du musée, n'est-ce pas ? Je l'ai lu dans une brochure.
	That's where the entrance to the museum is located, isn't it? I read it in a brochure.
l'agent:	Oui, c'est là qu'on vend les billets pour visiter le Louvre.
	Yes, that's where they sell the tickets to visit the Louvre.
la touriste:	Merci bien, monsieur l'agent. Au revoir.
	Thank you very much, officer. Goodbye.
l'agent:	Au revoir, madame. Et bonne promenade !
	Goodbye. And have a nice walk!

Grammaire / Grammar

1. LE PASSÉ COMPOSÉ (SUITE) / THE PAST TENSE (CONTINUED)

Les participes passés des verbes irréguliers
Past participles of irregular verbs

Some past participles differ from the regular pattern of é endings for er verbs (example: acheter – acheté), i endings for ir verbs (example: finir – fini), and u endings for re verbs (example: attendre – attendu) studied in Lesson 11.

Now here are some irregular past participles, and the infinitives to which they correspond:

eu	(past participle of avoir)
été	(past participle of être)

Examples:

Aujourd'hui, j'ai une lettre. Hier, j'ai eu deux lettres.
Today, I have one letter. Yesterday, I had two letters.

Ce matin j'ai été très occupée. Cet après-midi je suis plus disponible.
This morning I was very busy. This afternoon I am (more) available.

fait	(past participle of faire)

Example:

Qu'est-ce que tu as fait, hier soir ?
What did you do last night?

pris	(past participle of prendre)
mis	(past participle of mettre)

Examples:

Hier matin, je n'ai pas pris l'autobus.
Yesterday morning, I didn't take the bus.

Avez-vous mis votre imperméable, hier après-midi ?
Did you put on your raincoat yesterday afternoon?

| écrit | (past participle of écrire) |
| dit | (past participle of dire) |

Examples:

Paul a écrit une carte postale.
Paul wrote a postcard.

Les employés ont dit bonjour au patron.
The employees said hello to the boss.

| lu | (past participle of lire) |

Example:

Nous avons lu une brochure.
We have read a brochure.

su	(past participle of savoir)
pu	(past participle of pouvoir)
voulu	(past participle of vouloir)
plu	(past participle of pleuvoir, to rain)

Examples:

Est-ce que vous avez su répondre ?
Did you know how to answer?

Je n'ai pas pu téléphoner.
I couldn't call.

Albert a-t-il voulu faire la cuisine ?
Did Albert want to cook?

Aujourd'hui il ne pleut pas. Mais hier, il a plu.
Today it's not raining. But yesterday it rained.

venu   (past participle of venir)

Examples:

Hier, je suis venu au bureau à huit heures.
Yesterday, I came to the office at eight.

Notice, in the last example, that the verb venir uses être (to be), instead of avoir (to have) to form the passé composé.
We will now examine some other verbs that use the auxiliary être instead of avoir.

2. LE PASSÉ COMPOSÉ AVEC ÊTRE / THE PAST TENSE WITH "ÊTRE"

The past tense with the auxiliary verb *"to be"*.
While most verbs form the passé composé with avoir as the auxiliary verb (i.e. as the first part of this compound past tense), there is a small list of verbs which require être as the auxiliary verb. These verbs are mainly intransitive verbs of motion (verbs of going and coming such as aller/to go) and verbs of change of state (such as devenir/to become, or naître/to be born).
To remember this list of verbs conjugated with être, you can use the *"Dr. & Mrs. P. Vandertramp"* method. When in this order, the first letter of each infinitive verb spells out *"Dr. & Mrs. P. Vandertramp."*

Infinitive	Past Participle	Translation
devenir	devenu	to become
rester	resté	to stay; to remain
monter	monté	to go up; to climb
revenir	revenu	to come back; to return
sortir	sorti	to go out
passer	passé	to go by; to pass by
venir	venu	to come
arriver	arrivé	to arrive
naître	né	to be born
descendre	descendu	to go down; to descend
entrer	entré	to enter; to go in; to come in
retourner	retourné	to go back; to return
tomber	tombé	to fall
rentrer	rentré	to come back; to return
aller	allé	to go
mourir	mort	to die
partir	parti	to leave (a place)

Compounds of the above verbs also use être + past participle (instead of avoir + past participle):
    venir   (participe passé: venu)
    revenir   (participe passé: revenu)

Examples:

Vous n'êtes pas venu chez moi !
You didn't come to my house!

Les enfants sont-ils revenus du lycée?
Have the children come back from school?

Hier, ce touriste est allé au musée d'Orsay.
Yesterday, this tourist went to the musée d'Orsay.

À quelle heure es-tu arrivé ?
At what time did you arrive?

Nous sommes partis en taxi.
We left in a taxi.

Il n'est pas resté à la maison toute la journée..
He didn't stay in all day.

M. Sorel est descendu au rez-de-chaussée.
Mr. Sorel came down to the ground floor.

Mme Sorel est descendue au rez-de-chaussée.
Mrs. Sorel came down to the ground floor.

We saw that the past participle never changes when using the auxiliary avoir. But when using the auxiliary être, the past participle must agree in gender *(masculine/feminine)* and number *(singular/plural)* with the subject of the verb (as this is the case in the last sentence above). For the feminine form, add an e, and for the plural form, add an s to the past participle.
Here are the four forms of the past participle of the verb partir (to leave):

parti   (masculine/singular)
partie   (feminine/singular)
partis   (masculine/plural)
parties   (feminine/plural)

je	suis parti(e)	I have left/I left
tu	es parti(e)	you have left/you left (informal)
il	est parti	he has left/he left
elle	est parties	he has left/she left
nous	sommes parti(e)(s)	we have left/we left
vous	êtes parti(e)(s)	you have left/you left (formal & plural)
ils	sont partis	they *m* have left/they left
elles	sont parties	they *f* have left/they left

We will encounter some more of these later in the course. Also, besides the "Dr. & Mrs. P. Vandertramp" list of verbs, all reflexive verbs require the auxiliary être in the passé composé. We will study the reflexive verbs in Lessons 15 and 17.

3. LES PRONOMS RELATIFS / RELATIVE PRONOUNS

Les pronoms relatifs qui et que (ou qu')
The relative pronouns *that, who, which* or *whom* (for example, in English: the book that's on the table is mine; I know the man <u>who</u> spoke; the museum which I prefer is the Louvre; the man whom I married).

Nous prenons l'autobus. L'autobus arrive.
Nous prenons l'autobus qui arrive.
We are taking the bus that's coming.

J'ai lu le livre. Le livre est sur la table.
J'ai lu le livre qui est sur la table.
I read the book that is on the table.

In the preceding examples, qui (meaning l'autobus or le livre) is therefore the subject of the verb that follows (arrive or est).

Other examples:

Connaissez-vous le touriste qui a parlé ?
Do you know the tourist who spoke?

La rue qui est en face de vous est la rue de Rivoli.
The street which is in front of you is the "rue de Rivoli."

Vous allez reconnaître la pyramide qui se trouve au milieu.
You will recognize the pyramid that's in the middle.

When this relative pronoun is not the subject of the following verb, but the direct object of that verb, qui becomes que (or qu'):

Voilà les amis. J'attends ces amis.
Voilà les amis que j'attends.
Here come the friends that I'm waiting for.

This relative pronoun object of the verb is sometimes omitted in English (just like the conjunction is sometimes omitted; see Lesson 10), but its equivalent in French (que or qu') is never omitted:

On lit le livre. Le livre est intéressant.
Le livre qu'on lit est intéressant.
The book that we are reading is interesting.

4. QUI OU QUE? / THE SUBJECT OR OBJECT RELATIVE PRONOUN

The following examples are a summary of when to use qui and when to use que.
Qui, relative pronoun, as the subject of a verb:

Le monsieur qui parle est M. Sorel.
The man who is talking is Mr. Sorel.

Comment s'appelle le garçon qui parle portugais ?
What's the name of the boy who speaks Portuguese?

Que, relative pronoun, as the direct object of a verb:

Les étudiants que vous connaissez sont canadiens.
The students that you know are Canadian.

Le Louvre, c'est le musée que vous voyez là-bas.
The Louvre is the museum you see over there.

And remember also to use que as a conjunction, a simple "link" between two clauses (as studied earlier in Lesson 10).

Examples:
Je sais que vous avez des amis à Paris.
I know you have friends in Paris.

On dit que le musée est formidable !
They say that the museum is terrific!

5. L'IMPÉRATIF (SUITE) / THE IMPERATIVE (CONTINUED)

S'il vous plaît, tournez à gauche !
Please, turn left!

Prenez l'avenue de l'Opéra.
Take the "avenue de l'Opéra."

Ne descendez pas cette rue !
Do not go down that street!

Continuez tout droit.
Continue straight ahead.

Marchez en direction du jardin des Tuileries.
Walk towards the garden of the Tuileries.

Traversez la rue de Rivoli.
Cross the "rue de Rivoli."

Vocabulaire / Vocabulary

pourriez-vous: *could you*

Pourriez-vous m'indiquer…: *Could you show me…?*

le chemin: *the way*

un touriste *m*/**une touriste** *f*: *a tourist*

pardon: *excuse me*

un agent de la circulation: *a traffic officer*

un musée: *a museum*

le Louvre: *the Louvre*

certainement: *certainly*

voyons: *let's see*

descendre: *to go down*

descendez: *go down (as in "Go down!", imperative mode)*

une rue: *a street*

un boulevard: *a boulevard*

jusqu'à: *as far as*

le boulevard que vous voyez: *the boulevard which you see*

là-bas: *over there*

arriver: *to arrive*

vous arrivez: *you arrive*

tourner: *to turn*

tournez: *turn (imperative mode)*

à droite: *right, on the right*

ensuite: *then*

allez: *go (imperative mode)*

tout droit: *straight ahead*

jusqu'à la place de l'Opéra: *as far as the Place de l'Opera*

à gauche: *left, on the left*

une avenue: *an avenue*

continuer: *to continue*

continuez: *continue (imperative mode)*

un rond-point: *a traffic circle/a roundabout*

environ 20 minutes: *about twenty minutes*

C'est à vingt minutes: *It's 20 minutes away*

à pied: *on foot*

traverser: *to cross*

Traversez la rue !: *Cross the street!*

en face: *opposite*

la rue qui est en face: *the opposite street*

marcher: *to walk*

Marchez !: *Walk! (imperative mode)*

en direction de…: *towards…*

un jardin: *a garden*

le jardin des Tuileries: *the Tuileries Gardens*

une esplanade: *an esplanade*

reconnaître: *to recognize*

vous allez reconnaître…: *you'll recognize…*

une pyramide: *a pyramid*

la pyramide qui se trouve là: *the pyramid which is there*

au milieu: *in the middle*

une entrée: *an entrance*

l'entrée du musée: *the entrance to the museum*

une brochure: *a brochure*

c'est là qu'on vend les billets: *that's where they sell the tickets*

vendre: *to sell*

visiter: *to visit*

Oh là là !: *Oh dear!*

après: *after*

Et après ?: *And afterwards?*

facile: *easy*

c'est très facile: *it's very easy*

vous êtes arrivé(e)(s): *you've arrived*

je suis arrivé(e): *I have arrived*

je l'ai lu: *I read it*
Merci bien !: *Thank you very much*
une promenade: *a walk*
Bonne promenade !: *Have a nice walk!*

Exercices / Exercises

Exercise A

RÉPONDEZ D'APRÈS LE DIALOGUE

Answer these questions using the Lesson 13 dialogue.

1. Où cette touriste veut-elle aller ?

....

2. À qui a-t-elle parlé ? ....

3. Est-ce que la touriste est à pied ou en taxi ?

....

4. Est-ce que le Louvre se trouve loin de la place de l'Opéra ?

....

5. Y a-t-il un jardin en face du musée ?

....

6. Où se trouve la grande pyramide du Louvre ?

....

7. Est-ce que la touriste y va ?

....

8. Vend-on des billets à l'entrée du musée ?

....

Exercise B

COMPLÉTEZ LES PHRASES AVEC LE PASSÉ COMPOSÉ DES VERBES

Conjugate the verbs in the passé composé. **Remember to use the right auxiliary
(**avoir **or** être**) for each verb.**

Exemples: Hier, Nathalie <u>a eu</u> beaucoup de travail. (<u>avoir</u>)

Albert <u>est parti</u> en vacances. (<u>partir</u>)

1. Est-ce que vous .... content de visiter le musée ? (<u>être</u>)

2. Je .... deux semaines à Paris. (<u>rester</u>)

3. Hier, j' ....la cuisine pour mes amis. (<u>faire</u>)

4. Nous.. un taxi pour visiter Paris. (<u>prendre</u>)

5. Où .... -vous... ? (<u>aller</u>)

6. Tu .... ton nom sur l'enveloppe ? (<u>mettre</u>)

7. Qu'est-ce que vous... ? (<u>dire</u>)

8. Nous .... à dix heures. (<u>arriver</u>)

9. La touriste .... une brochure sur le Louvre. (<u>lire</u>)

10. Est-ce que vous.. prendre l'avion ? (<u>pouvoir</u>)

Exercise C

CHOISISSEZ QUI OU QUE

Complete the sentence with the appropriate relative pronoun.

Exemples: Voici l'hôtel que je préfère.

Traversez la rue qui est en face de vous !

1. L'employé .... travaille dans ce bureau s'appelle Martin.

2. Où se trouve le musée .... vous avez visité ?

3. Nous savons .... la pyramide est à l'entrée du musée.

4. Je ne connais pas la réceptionniste .... a répondu.

5. On a pris le premier taxi .... est arrivé !

Exercise D

METTEZ LES VERBES À L'IMPÉRATIF

Conjugate the verbs in the imperative mode.

Exemples: Toi et moi, marchons en direction des Tuileries ! (marcher)

Paul, choisissez la bonne réponse ! (choisir)

1. Vous et moi, ... faire une promenade ! (aller)

2. S'il vous plaît, M. Sorel, ... votre travail ! (continuer)

3. Toi et moi,... les billets ! (prendre)

4. Abou et Jacques, ne .... pas la rue ! (traverser)

5. Si vous voulez, vous et moi, ... en ascenseur ! (descendre)

14. The Family

Lesson 14 introduces family and friends. You will learn how to speak about those closest to you. You will also learn how to make comparisons in French and the importance of the position of pronouns and how this can affect the meaning. There's also a big vocabulary booster in this lesson.

PARLONS DE LA FAMILLE LET'S TALK ABOUT THE FAMILY

Cet après-midi, Albert est allé chez Mme Sorel pour lui dire bonjour. Maintenant, nos deux amis sont assis dans le salon de la famille Sorel. Mme Sorel est en train de servir du café.

This afternoon, Albert went to Mrs. Sorel's to say hello to her. Now our two friends are seated in the living room of the Sorel family. Mrs. Sorel is serving coffee.

Mme Sorel:	Encore du café, Albert ?
	More coffee, Albert?
Albert:	Oui, je veux bien, merci. Sans sucre, s'il vous plaît. Et vous ? Vous ne prenez pas de café ?
	Yes, thank you. Without sugar, please. And you? You are not having coffee?
Mme Sorel:	Non, je ne bois jamais de café. Je préfère le thé.
	No, I never drink coffee. I prefer tea.
Albert:	Vous m'avez dit que vous venez de Bordeaux. Avez-vous de la famille, là-bas ?
	You told me that you come from Bordeaux. Do you have relatives over there?

Mme Sorel:	Oh oui ! J'ai un frère et une sœur à Bordeaux. Et j'ai aussi un oncle à Pau, un peu plus au sud. Mon frère est célibataire – comme vous, Albert ! Ma sœur est mariée. Elle a trois enfants: un fils et deux filles.
	Oh yes! I have a brother and a sister in Bor-deaux. And I also have an uncle in Pau, further south. My brother is single – like you, Albert! My sister is married. She has three children: one son and two daughters.
Albert:	Quel âge ont-ils ?
	How old are they?
Mme Sorel:	Le garçon a douze ans. Mes nièces ont huit ans et cinq ans. Et vous, Albert, où habitez-vous ?
	The boy is twelve. My nieces are eight and five. And what about you, Albert, where do you live?
Albert:	Moi, j'habite dans la banlieue parisienne, avec mon père, ma mère, mon grand-père et ma grand-mère.
	I live on the outskirts of Paris, with my father, my mother, my grandfather, and my grandmother.
Mme Sorel:	Mais vous travaillez à Paris ? Dans une banque, n'est-ce pas ?
	But you work in Paris? In a bank, right?
Albert:	Oui. Pour venir, je prends le train. C'est pourquoi je cherche un appartement à Paris. Un appartement plus petit que le vôtre, bien sûr ! Je regarde dans le journal. Mais je ne trouve rien.
	Yes. To get here, I take the train. That's why I am looking for an apartment in Paris. An apartment smaller than yours, of course! I'm looking in the newspaper. But I cannot find anything.
Mme Sorel:	Si vous voulez quelque chose en plein centre, ça va être difficile !
	If you want something right in the center of town, that's going to be difficult!
Albert:	Oui, je sais. Enfin, je ne suis pas pressé. Pour l'instant, je ne suis pas si mal chez mes parents. Et puis, j'ai mes cousins et mes cousines qui habitent près de chez nous, dans la même banlieue.
	Yes, I know. Well, I am not in a hurry. For the moment, it's not so bad at my parents'. Also I have my cousins who live near us, in the same suburb.
Mme Sorel:	Et votre amie, Nathalie ? Elle habite aussi avec sa famille ?
	How about your girlfriend, Nathalie? Does she live with her family too?
Albert:	Non, elle a un studio près de Montparnasse. Ses parents sont à Lyon.
	No, she has a studio near Montparnasse. Her parents are in Lyon.
Mme Sorel:	Je connais quelqu'un qui habite à Lyon… une amie d'enfance. Mais, dites ! Nathalie ne doit pas voir ses parents souvent…

| Albert: | I know somebody who lives in Lyon...a childhood friend. But, say! Nathalie must not see her parents very often. |

Albert: En fait, elle leur téléphone souvent. Et elle va les voir dès qu'elle a des vacances. C'est facile. Pour y aller, elle prend toujours le TGV. Ça va plus vite.

Actually, she calls them often. And she goes to visit them whenever she is on vacation. It's easy. To get there, she always takes the TGV. It's faster.

Mme Sorel: Malheureusement, les trains de banlieue ne vont pas aussi vite ! Dommage pour vous !

Unfortunately, the commuter trains are not as fast! Too bad for you!

Grammaire / Grammar

1 VERBE (BOIRE) / VERB (TO DRINK)

boire to drink

C'est un verbe irrégulier.
présent

je bois *(bwah)*	nous buvons *(bew-vohN)*
tu bois *(bwah)*	vous buvez *(bew-vay)*
il/elle/on boit (bwah)	ils/elles boivent *(bwahv)*

Example:

Mme Sorel boit toujours du thé.
Mrs. Sorel always drinks tea.

Unless we mention specifically that a verb uses être in the past tense (refer to Lesson 13), assume that it uses avoir (most verbs do):
passé composé

j'ai bu	je n'ai pas bu
tu as bu	tu n'as pas bu
il/elle/on a bu	il/elle/on n'a pas bu
nous avons bu	nous n'avons pas bu
vous avez bu	vous n'avez pas bu
ils/elles ont bu	ils/elles n'ont pas bu

Examples:

Albert a bu du café.
Albert drank coffee.

Je n'ai pas bu de champagne !
I didn't drink any champagne!

Les enfants ont-ils bu du lait ?
Did the children drink milk?

2. QUELQUE CHOSE/RIEN / SOMETHING/NOTHING

Example:

Albert boit quelque chose : il boit du café.
Albert is drinking something: he is drinking coffee.

The opposite would be:

Nathalie ne boit rien.
Natalie isn't drinking anything.

Other examples:

Tu manges quelque chose : tu manges un sandwich.
You are eating something: you are eating a sandwich.

Tu ne manges rien.
You aren't eating anything./You don't eat anything./You eat nothing.

Est-ce que vous écrivez quelque chose ? – Non, je n'écris rien.
Are you writing anything? – No, I am not writing anything.

Ces employés ne font rien au bureau !
Those workers do nothing at the office!

Note that rien is a negation and is used with ne (see the explanation in the next section).

3. QUELQU'UN/PERSONNE / SOMEBODY/NOBODY

Example:

Je vois quelqu'un : je vois M. Sorel !
I see somebody: I see Mr. Sorel!

The opposite would be:
Je ne vois personne.
I don't see anybody.

Other examples:

Nous écoutons quelqu'un : nous écoutons Nathalie.
We are listening to someone: we're listening to Nathalie.

Nous n'écoutons personne !
We aren't listening to anybody!

As with any negation, ne is placed before the verb when using personne, rien, jamais. Also, as with the regular negation "ne…pas", personne, rien and jamais are placed between the auxiliary and the past participle in the past tense (passé composé).

Examples:

Vous ne voyez personne. Vous n'avez vu personne.
You don't see anyone. You did not see anybody.

Nous ne disons rien. Nous n'avons rien dit.
We say nothing. We said nothing.

Thomas ne boit jamais de café. Il n'a jamais bu de bière.
Thomas never drinks coffee. He never drank beer.

4. QUEL ÂGE AVEZ-VOUS ? / HOW OLD ARE YOU?

In French, the question "How old are you?" is asked using the verb avoir (to have).

Quel âge as-tu ?
How old are you?

Quel âge a Paul ?
How old is Paul?

Quel âge ont les neveux de M. Sorel ?
How old are Mr. Sorel's nephews?

The answers also use avoir:

J'ai trente ans.
I am thirty years old.

Il a dix-sept ans.
He is seventeen.

Ils ont douze ans, huit ans, et cinq ans.
They are twelve, eight, and five.

Since the verb avoir is used to express age, the words an (year) or ans (years) cannot be omitted in French: J'ai vingt ans.

5. ÊTRE EN TRAIN DE + INFINITIF / TO BE IN THE PROCESS OF DOING SOMETHING

je suis en train de…	nous sommes en train de…
tu es en train de…	vous êtes en train de…
il est en train de…	ils sont en train de…

In English, this is often just the gerund:

Je lis	Je suis en train de lire.
I read	I am reading (with more emphasis
I am reading	on the progression of the action).

Mme Sorel sert du café.	Mme Sorel est en train de servir du café.
Mrs. Sorel serves coffee.	Mrs. Sorel is serving coffee.

Qu'est-ce que vous dites ?	Qu'est-ce que vous êtes en train de dire ?
What do you say?	What are you saying (now)?

Nous sommes en train de boire du thé.
We are drinking tea.

Mes amis ne sont pas en train de regarder la télé.
My friends are not watching television.

Êtes-vous en train de lire cette section ?
Are you in the process of reading this section?

6. LES COMPARATIFS / COMPARATIVES

A) plus + adjectif + que
more + adjective + than

Il est plus grand que sa sœur.
He is taller than his sister.

Mon appartement est plus petit que le vôtre.
My apartment is smaller than yours.

B) moins + adjectif + que
less + adjective + than

Nous sommes <u>moins patients</u> que vous.
We are less patient than you (are).

Les trains de banlieue sont <u>moins confortables que</u> le TGV.
The commuter trains are less comfortable than the TGV.

C) aussi + adjectif + que
as + adjective + than

Sophie est <u>aussi intelligente</u> que Jacques.
Sophie is as intelligent as Jacques.

Albert est <u>aussi gentil que</u> Paul.
Albert is as nice as Paul.

Je suis <u>aussi fatigué que</u> vous !
I am as tired as you!

7. LA PLACE DU PRONOM / THE POSITION OF THE PRONOUN

Vous m'avez parlé./Vous pouvez me parler.
You spoke to me./You can speak to me.

Notice the difference in the position of an object pronoun in a sentence:
In the passé composé, the object pronoun is always placed before avoir or être.

Examples:

Je l'ai lu.
I have read it.

Nous leur avons dit bonjour.
We said hello to them.

Vous ne m'avez pas écouté.
You didn't listen to me.

Tu y es allé.
You went there.

But remember (Lesson 10) that when you use a modifying verb (such as pouvoir, vouloir, savoir, espérer, aimer, aller, etc.) + *infinitive*, the object pronoun is always placed before the *inifinitive*.

Examples:

Vous pouvez me parler.
You can speak to me.

Je ne veux pas y aller.
I don't want to go there.

Nous espérons le lire.
We hope to read it.

Tu vas lui dire bonjour.
You are going to say hello to him.

Vocabulaire / Vocabulary

Parlons !: *Let's talk!*
Parlons de la famille !:
Let's talk about the family!
est allé: *has gone*
pour lui dire bonjour: *to say hello to her*
nos deux amis: *our two friends*
sont assis: *are sitting*
le salon: *the living room*
la femme: *the wife*
le mari: *the husband*
de la famille: *of the family*
un frère: *a brother*
une sœur: *a sister*
un oncle: *an uncle*
célibataire: *unmarried, single*
marié *m*/**mariée** *f*: *married*
un enfant: *a child*
trois enfants: *three children*
un fils: *a son*
une fille: *a daughter*
le père: *the father*
la mère: *the mother*
le grand-père: *the grandfather*
la grand-mère: *the grandmother*

un neveu: *a nephew*
les neveux: *the nephews*
une nièce: *a niece*
les nièces: *the nieces*
les parents: *the parents*
chez mes parents: *at my parents' house*
un cousin *m*/**une cousine** *f*: *a cousin*
en train de servir: *serving*
encore du café: *more coffee*
Je veux bien: *Yes, thank you*
sans: *without*
le sucre: *the sugar*
vous savez: *you know (formal/plural)*
comme: *like, as*
boire: *to drink*
je bois: *I drink*
je préfère: *I prefer*
moins: *less*
beaucoup moins: *much less*
quelque chose: *something*
quelqu'un: *someone*
vous m'avez dit: *you told me*
vous venez de Bordeaux:
you come from Bordeaux

à Bordeaux: *in Bordeaux*

à Pau: *in Pau*

Quel âge avez-vous ?: *How old are you?*

douze ans: *12 years (old)*

Il a douze ans: *He's 12 years old.*

Elles ont huit ans et cinq ans.: *They are 8 years old and 5 years old.*

vous habitez: *you live (reside)*

j'habite: *I live (reside)*

habiter (regular "er" verb): *to live (reside)*

la banlieue: *the suburbs/outskirts*

parisien *m*/**parisienne** *f*: *Parisian*

pour venir: *in order to come*

le train: *the train*

c'est pourquoi…: *that's why…*

je cherche: *I am looking for*

chercher (regular "er" verb): *to look for*

plus petit que: *smaller than*

pas aussi vite: *not as fast*

le vôtre *m*/**la vôtre** *f*/**les vôtres** *m/f*: *yours*

le journal: *the newspaper*

trouver (regular "er" verb): *to find*

rien: *nothing*

je ne trouve rien: *I cannot find anything (I find nothing)*

le centre: *the center*

en plein centre: *right in the center*

c'est ça: *that's what*

difficile: *difficult*

facile: *easy*

c'est ça qui est difficile: *that's what's difficult*

pressé *m*/**pressée** *f* (sing.): *in a hurry*

pressés *(m plur.)*/**pressées** *(f plur.)*

un instant: *a moment*

pour l'instant: *for the moment*

mal: *bad(ly)*

pas si mal: *not so bad*

près de chez nous: *near our house*

même: *same*

dans la même banlieue: *in the same suburb*

un studio: *a studio*

Montparnasse: *Montparnasse is a section of Paris, on the left bank.*

Lyon: *the city of Lyon*

un ami *m*/**une amie** *f*: *a friend*

un ami *m*/**une amie** *f* **d'enfance:** *a childhood friend*

en fait: *in fact, actually*

elle leur téléphone: *she calls them*

elle va les voir: *she goes to see them*

pour y aller: *in order to get there*

le TGV (le Train à Grande Vitesse): *the fastest train in France*

un train de banlieue: *a commuter train*

Dommage !: *Too bad!*

cet après-midi: *this afternoon*

jamais: *never*

souvent: *often*

malheureusement: *unfortunately*

et puis: *and then*

enfin: *at last, finally*

dès que: *whenever*

des vacances: *vacation*

Exercices / Exercises

Exercise A

RÉPONDEZ D'APRÈS LE DIALOGUE

Answer the questions using the Lesson 14 dialogue.

1. Albert est-il allé chez vous ?

....

2. Chez qui est-il allé ?

....

3. Qu'est-ce que Mme Sorel est en train de servir ?

....

4. Est-ce qu'ils boivent du champagne ?

....

5. Albert prend-il son café avec du sucre ou sans sucre ?

....

6. Est-ce que Mme Sorel boit du café ?

....

7. Qu'est-ce qu'elle préfère ?

....

8. Est-ce que l'oncle de Mme Sorel habite à Bordeaux ou à Pau ?

....

9. La sœur de Mme Sorel est-elle mariée ou célibataire ?

....

10. Combien d'enfants a-t-elle ?

....

11. Albert habite-t-il avec Nathalie ?

....

12. Avec qui Albert habite-t-il ?

....

13. Albert cherche-t-il un appartement ?

....

14. Est-ce qu'il trouve quelque chose dans le journal ?

....

15. Est-ce que Nathalie va à Lyon en avion ?

....

16. Quel train prend-elle pour aller à Lyon ?

....

17. Quand est-ce qu'elle y va ?

....

18. Les trains de banlieue vont-ils aussi vite que le TGV ?

....

15. Official Business

Lesson 15 is all about evolving your command of the French language, both written and spoken. You will delve deeper into the agreements of nouns and verbs, and learn how to use and form reflexive verbs.

TOUT EST BIEN QUI FINIT BIEN ALL'S WELL THAT ENDS WELL

le voyageur:	Pardon, mademoiselle. Vous n'avez pas vu une petite valise bleue ? Je l'ai laissée ici.
	Pardon me, miss. Have you seen a small blue suitcase? I left it here.
la voyageuse:	Ici ? Non, monsieur.
	Here? No, I haven't, sir.
le voyageur:	Oh là là ! J'ai perdu ma valise ! C'est catastrophique ! Tous mes vêtements et mes affaires sont dans cette valise !
	Oh no, I have lost my suitcase! It's terrible! All my clothes and my things are in that suitcase!
la voyageuse:	Vous allez peut-être la retrouver. Voyons… Où êtes-vous allé avec votre valise ? Est-ce que vous vous rappelez ?
	Maybe you will find it. Let's see… Where did you go with your suitcase? Do you remember?
le voyageur:	Je suis parti de chez moi avec la valise. Je suis arrivé à la gare. Je suis allé au guichet acheter un billet de train. J'ai mis la valise à côté de moi. J'ai fait la queue pendant au moins vingt minutes. Hmm… La valise est peut-être restée derrière moi.

Ensuite, je suis allé sur le quai attendre mon train. Malheureusement, je ne me souviens pas si j'ai quitté le gui chet avec ma valise !

I left home with the suitcase. I arrived at the train station. I went to the ticket booth to buy a train ticket. I put the suitcase down next to me. I stood in line for at least twenty minutes. Hmm…Maybe the suitcase stayed behind me. Then, I went out to the platform to wait for my train. Unfortunately, I don't remember if I left the ticket booth with my suitcase!

la voyageuse:

Regardez la valise qui est là-bas, devant l'escalier. Est-ce la vôtre ?

Look at the suitcase over there, in front of the staircase. Is it yours?

le voyageur:

Non, la mienne n'est pas aussi grande et la mienne a des roues. Et elle n'est pas de cette couleur. Zut alors !

No, mine is not as large and mine has wheels. And it's not that color. Darn!

la voyageuse:

De quelle couleur est la vôtre ?

What color is yours?

le voyageur:

Elle est bleue. Où se trouve le bureau des objets trouvés ?

It's blue. Where is the Lost and Found Office?

la voyageuse:

Au fond de la gare. Voilà ce que je propose : retournez au guichet et moi je vais aller au bureau des objets trouvés. Retrouvons-nous ici dans quinze minutes. D'accord ?

At the end of the station. Here is what I suggest: you go back to the ticket booth and I will go to the Lost and Found office. Let's meet back here in fifteen minutes. OK?

le voyageur:

D'accord ! À tout à l'heure !

OK! See you later!

Au bout de 15 minutes, la voyageuse arrive avec une valise bleue à la main.

15 minutes later, the lady traveler comes back with a blue suitcase in hand.

le voyageur:

Oui ! C'est ma valise ! Où l'avez-vous trouvée ?

Yes! This is my suitcase! Where did you find it?

la voyageuse:

Au bureau des objets trouvés. Un autre touriste s'est trompé de valise au guichet, il a pris la vôtre au lieu de la sienne. Il est désolé.

At the Lost and Found office. Another tourist made a mistake and took the wrong suitcase at the ticket booth. He took yours instead of his. He is sorry.

le voyageur:

Je suis si content de retrouver ma valise !

I am so happy to find my suitcase!

la voyageuse:

Vous voyez ! " Tout est bien qui finit bien. "

You see! "All's well that ends well."

le voyageur:

Oui. Et merci à vous, mademoiselle, d'avoir été aussi gentille. Vous habitez à Paris ?

Yes. And thank you, miss, for having been so nice. Do you live in Paris?

Grammaire / Grammar

1. LES VERBES PRONOMINAUX / REFLEXIVE VERBS

Ce sont des verbes avec deux pronoms de la même personne.
They are verbs with two pronouns of the same person.

---

se tromper to make a mistake/to be wrong

je me trompe	je ne me trompe pas
tu te trompes	tu ne te trompes pas
il/elle/on se trompe	il ne se trompe pas
nous nous trompons	nous ne nous trompons pas
vous vous trompez	vous ne vous trompez pas
ils/elles se trompent	ils ne se trompent pas

Notice the presence of se in the infinitive of a reflexive verb: (se tromper). According to the different subjects, this se becomes: me, te, se (or s'), nous, vous, se (or s').

Si je dis que Paris est une petite ville, je me trompe : Paris est une grande ville !
If I say that Paris is a small town, I am mistaken: Paris is a big city!

Ce voyageur a perdu un parapluie. Non, vous vous trompez : il a perdu une valise.
This traveler has lost an umbrella. No, you are mistaken: he has lost a suitcase.

In the negative, ne is placed immediately after the subject:

Tu ne te trompes pas : le touriste a pris la valise !
You are not mistaken: the tourist took the suitcase!

In addition to the list of specific verbs that use être in the passé composé (aller, venir, rester, descendre, etc., see Lesson 13), all reflexive verbs, without exception, use être in the passé composé.

je me suis trompé (I made a mistake/I was wrong)
tu t'es trompé
il s'est trompé
nous nous sommes trompés
vous vous êtes trompés
ils se sont trompés

je ne me suis pas trompé
tu ne t'es pas trompé

il ne s'est pas trompé
nous ne nous sommes pas trompés
vous ne vous êtes pas trompés
ils ne se sont pas trompés

Notice the s at the end of trompés. It is added to the past participle (here, trompé) when the past participle is that of a verb taking être (here, se tromper) with a plural subject (nous, vous, ils). The agreement can also be with a feminine subject (elle, elles). An e is then added.

Examples:

Je ne suis pas avec ce groupe. Vous vous êtes trompée, madame.
(vous, feminine singular here since vous refers to a lady)
I am not with this group. You made a mistake, madam.

Excusez-moi, nous nous sommes trompés.
(nous, masculine plural)
I am sorry, we have made a mistake.

Bravo ! Ces étudiantes ne se sont pas trompées !
(étudiantes, feminine plural)
Bravo! These female students didn't make a mistake!

One parenthetical remark here about the agreement of past participles. In the dialogue, you may have noticed another kind of agreement of a past participle:

Je l'ai laissée ici. (l' = valise, feminine singular)
I have left it here.

Où l'avez-vous trouvée ?
Where did you find it?

In the passé composé, the past participle is generally used in its basic form when using the auxiliary avoir (as seen in Lesson 11). However, when a direct object precedes the auxiliary verb avoir followed by the past participle, the past participle agrees in gender and number with the preceding direct object.

direct object
(masc.) (sing.)   J'ai lu le journal.   I read the newspaper.
                      Je l'ai lu.   I read it.
                      lire (to read) past participle: lu
direct object
(masc.) (plur.)   J'ai lu ces 2 livres.   I read these 2 books.
                      Je les ai lus.   I read them.

direct object (fem.) (sing.)	J'ai vu sa fille.	I saw his daughter.
	Je l'ai vue.	I saw her.
	voir (to see) past participle: vu	
direct object (fem.) (plur.)	J'ai vu ses filles.	I saw his daughters.
	Je les ai vues.	I saw them.

Voici mes livres. Je les ai lus.   Here are my books. I have read them.
(les = livres, masculine plural)

Now back to reflexive verbs:

se trouver is another reflexive verb.
to be located/to be situated

Le bureau des objets trouvés se trouve au fond de la gare.
The Lost and Found Office is located at the end of the station.

Où se trouve le jardin des Tuileries ?
Where is the garden of the Tuileries located?

Vous vous trompez ! Le Louvre ne se trouve pas à Lyon !
You are mistaken! The Louvre is not located in Lyon!

Je me trouve à Paris.
I am in Paris.

Hier, je me suis trouvé devant l'école à midi.
Yesterday, I found myself in front of the school at noon.

Maintenant, est-ce que vous vous trouvez à l'aéroport ?
Now, are you at the airport?

se rappeler/se souvenir (de)
to recall/to remember

Est-ce que vous vous rappelez quelque chose ?
Est-ce que vous vous souvenez de quelque chose ?
Do you remember anything?

Nous ne nous rappelons pas où nous avons mis nos clés !
Nous ne nous souvenons pas où nous avons mis nos clés !
We don't remember where we put our keys!

Hier, je me suis rappelé(e) mes vacances en Suisse.
Hier, je me suis souvenu(e) de mes vacances en Suisse.
Yesterday, I remembered my vacation in Switzerland.

In this sentence, if the person speaking is female, then the past participle (rappelé/souvenu) needs to agree with the feminine je (e).

Other reflexive verbs:

se regarder
to look at oneself

se servir
to serve oneself – to help oneself

se lever
to get up

Je me suis levé(e) à 7 h.
I got up at 7:00.

se coucher
to go to bed

Nous nous couchons tard en général.
We go to bed late usually.

Reflexive verbs often express reflexive actions, that is, the subject performs the action on itself.
If the subject performs the action on someone else, the verb is not reflexive.

Examples:

laver/se laver
Je me lave. I wash/I wash myself.
Elle se lave. She washes/She washes herself.
se laver: to wash oneself (reflexive)

Je lave ma voiture. I wash my car.
Elle lave son chien. She washes her dog.
laver: to wash (not reflexive)

2. LES COULEURS / COLORS

De quelle couleur est le lait ?
What color is milk?

Le lait est blanc.
Milk is white.

Le vin est rouge ou blanc.
Wine is red or white.

Le terrain de football est vert.
The soccer field is green.

Le canari est jaune.
The canary is yellow.

L'uniforme des agents de police est bleu.
The police officers' uniform is blue.

Je n'aime pas le lait : je bois du café noir.
I don't like milk: I drink black coffee.

Ensemble, le blanc et le noir font le gris.
Together, white and black make gray.

Other examples (notice the usual agreement of the adjectives with the nouns):

À New York, les taxis sont jaunes.
In New York, taxi cabs are yellow.

Ce film n'est pas en couleur : il est en noir et blanc.
This movie is not in color: it's in black and white.

Ta valise est-elle verte ?
Is your suitcase green?

Non ! Elle n'est pas de cette couleur !
No, it's not that color!

Est-elle grise ? Noire ? Blanche ? Rouge ? Jaune ? Orange ?
Is it gray (feminine)? Black? White? Red? Yellow? Orange?

De quelle couleur est-elle ?
What color is it?

Elle est bleue. C'est une valise bleue. C'est une petite valise bleue !
It's blue. It's a blue suitcase. It's a small blue suitcase!

3. TOUT/TOUTE/TOUS/TOUTES / ALL (ADJECTIVE OR PRONOUN)

As an adjective, tout can be followed by an article (le, la, etc.), by a possessive adjective (mon, ma, mes, etc) or by an demonstrative adjective (ce, cette, etc). And as any adjective, tout agrees in gender and number with the noun it modifies (tout, toute, tous, toutes).

Examples:

tout ce travail	all this work
toute l'année	the whole year/all year long
tous mes amis	all my friends
toutes les semaines	every week (week after week, plural)
toute la semaine	all the week (this entire week, singular)

J'ai bu tout le café.
I drank all the coffee.
(café is masculine and singular: le café – tout le café)

Vous travaillez toute la semaine.
You work the whole week.
(semaine is feminine and singular: la semaine – toute la semaine)

Tous les vêtements sont dans le sac.
All my clothes are in the bag.
(Vêtements is masculine and plural: les vêtements – tous les vêtements)

Le porteur a pris toutes les valises !
The porter took every suitcase!
(valises is feminine and plural: les valises – toutes les valises)

As a pronoun, tout has the meaning of "everything" or "all" and has only one neutral form.

Example:

« Tout est bien qui finit bien ! »
"All's well that ends well!"

4. LES PRÉPOSITIONS / PREPOSITIONS

J'ai mis ma valise à côté de moi.
I have put my suitcase next to me.

Le bureau des objets trouvés est au fond de la gare.
The Lost and Found Office is at the end of the station.

Study prepositions with their opposites, whenever they have one:

La leçon 14 est avant la leçon 15. La leçon 16 est après la leçon 15.
Lesson 14 is before Lesson 15. Lesson 16 is after Lesson 15.

Il faut écrire l'adresse sur l'enveloppe.
One must write the address on the envelope.

Qu'est-ce qu'il y a sous la table ?
What is there under the table?
Regardez la valise qui est devant l'escalier !
Look at the suitcase that's in front of the stairs.

Il y a une autre voiture derrière nous !
There is another car behind us.

Je suis allé à la gare.
I went to the station.

Mme Sorel vient de Bordeaux.
Mrs. Sorel comes from Bordeaux.

5. LES PRONOMS POSSESSIFS / POSSESSIVE PRONOUNS

Possessive pronouns replace nouns that are modified by a possessive adjective or any kind of possessive construction. In French, the definite article (le, la, les) is always used with the possessive pronoun.

Examples:

C'est ma valise. (ma is a possesive adjective modifying the noun valise)
This is my suitcase.

C'est la mienne. (the definite article la precedes the possessive pronoun)
This is mine.

le mien *m*/la mienne *f*/les miens *m*/les miennes *f*
mine

le tien *m*/la tienne *f*/les tiens *m*/les tiennes *f*
yours (familiar)

le sien *m*/la sienne *f*/les siens *m*/les siennes *f*
his or hers

le nôtre *m*/la nôtre *f*/les nôtres *m/f*
ours

le vôtre *m*/la vôtre *f*/les vôtres *m/f*
yours (formal or plural)

le leur *m*/la leur *f*/les leurs *m/f*
theirs

Examples:

Ce n'est pas ma valise ! La mienne est plus petite.
(valise, feminine singular)
That is not my suitcase! Mine is smaller.

La nôtre a des roues.
Ours has wheels.

Voyez-vous ces livres ? Ce sont les miens.
(livres, masculine plural)
Do you see these books? They are mine.

Je cherche un appartement plus petit que le vôtre.
(appartement, masculine singular)
I'm looking for an apartment smaller than yours.

Nos cartes sont rouges. De quelle couleur sont les vôtres ?
(cartes, feminine plural)
Our cards are red. What color are yours?

Tu as ta voiture. Est-ce qu'ils ont la leur ?
(voiture, feminine singular)
You have your car. Do they have theirs?

Vocabulaire / Vocabulary

tout: *everything, all*

bien: *well*

un voyageur *m*/**une voyageuse** *f*: *a traveler*

je l'ai laissée: *I left it*

laisser (regular "er" verb): *to leave behind/ to forget*

j'ai perdu: *I lost*

perdre (regular "re" verb): *to lose*

retrouver (regular "er" verb): *to find again*

catastrophique: *terrible, disastrous*

mes vêtements: *my clothes*

un vêtement: *a piece of clothing*

mes affaires: *my things*

se rappeler: *to remember*

je me rappelle: *I remember*

vous vous rappelez votre voyage: *you remember your trip*

la gare: *the station*

le guichet: *the ticket booth, the teller*

acheter: *to buy*

un billet de train: *a train ticket*

faire la queue: *to stand in line*

j'ai fait la queue: *I stood in line*

pendant: *during, for*

pendant vingt minutes: *for twenty minutes*

au moins: *at least*

je suis allé sur le quai: *I went out to the platform*

attendre: *to wait for*

attendre le train: *to wait for the train*

l'escalier: *the staircase*

la mienne: *mine (f sing.)*

pas aussi grande: *not so big*

pas aussi grande que la vôtre: *not as big as yours*

la couleur: *the color*

de quelle couleur: *what color*

se trouver: *to be situated*

objets trouvés: *lost and found*

un objet: *an object*

au fond de la gare: *at the back of the station*

le comptoir: *the counter*

les roues: *the wheels*

une roue: *a wheel*

transporter (regular "er" verb): *to carry, transport*

les autres bagages: *the other luggage*

quels autres bagages ?: *what other luggage*

un groupe: *a group*

se tromper: *to make a mistake/to be mistaken/to be wrong*

il s'est trompé: *he made a mistake/he was mistaken/he was wrong*

par erreur: *by mistake*

il est désolé: *he is sorry*

si content de la retrouver: *so happy to find it*

content *(m sing.)*/**contente** *(f sing.): happy*

contents *(m plur.)* /**contentes** *(f plur.)*

peut-être: *perhaps*

devant: *in front of*

derrière: *behind*

avec: *with*

sans: *without*

sur: *on*

sous: *under*

à côté de: *beside/next to*

au fond de: *at the end of*

autre *(m sing.) /(f sing.): other*

autres *(m plur.)/(f plur.)*

en même temps: *at the same time*
Vous voyez !: *You see!*

Merci d'avoir été…:
Thank you for having been…

Exercices / Exercises

Exercise A

RÉPONDEZ D'APRÈS LE DIALOGUE

1. Nos deux voyageurs sont-ils dans un aéroport ou dans une gare ?

....

2. Savez-vous où est le bureau des objets trouvés, dans cette gare ?

....

3. Est-ce que le monsieur cherche son parapluie ?

....

4. Qu'est-ce qu'il cherche ?

....

5. Il a perdu cette valise ?

....

6. Il voit une valise devant l'escalier. Est-ce que c'est la sienne ?

....

7. La sienne est-elle plus petite ou plus grande ?

....

8. Est-ce qu'elle est de la même couleur ?

....

9. De quelle couleur est la sienne : grise, blanche, verte ou bleue ?

....

10. Qu'est-ce qu'il y a dans sa valise ?

....

11. A-t-il laissé sa valise chez vous ?

....

12. A-t-il donné sa valise à un ami ?

....

13. Est-ce qu'il est arrivé à la gare avec la valise ?

....

14. Est-ce qu'il a mis la valise dans le train ?

....

15. Est-il allé au guichet avec la valise ?

....

16. A-t-il mis la valise sur le comptoir du guichet ?

....

17. Au guichet, le voyageur a-t-il fait la queue ?

....

18. Est-ce qu'il a attendu pour acheter un billet de train ?

....

19. Est-ce qu'il a quitté le guichet avec sa valise ?

....

20. Qui a retrouvé la valise ?

....

21. Où est-ce que la voyageuse a retrouvé la valise ?

....

22. Le voyageur est-il content de retrouver sa valise ?

....

23. Est-ce que la voyageuse a été gentille ?

....

24. Sait-on où elle habite ?

....

25. Mais le voyageur veut-il le savoir ?

....

16. Review: Lessons 13-15

This review section is a revision of what you have learnt so far. Take the time to listen to the audio dialogues again and see how much you can understand without turning back to the English versions in the previous chapters! Don't forget to do the short exercise section too!

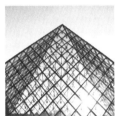   

RÉÉCOUTEZ ET RÉPÉTEZ À HAUTE VOIX LES DIALOGUES 13 À 15.
LISTEN AGAIN AND REPEAT OUT LOUD DIALOGUES 13 THROUGH 15.

DIALOGUE 13: POURRIEZ-VOUS M'INDIQUER LE CHEMIN ?

une touriste, à Paris:	Pardon, monsieur l'agent… Je voudrais aller au musée du Louvre. Pourriez-vous m'indiquer le chemin, s'il vous plaît ?
un agent de la circulation:	Mais certainement, madame. Voyons… Où sommes-nous ? Ah, oui ! Descendez cette rue jusqu'au boulevard des Italiens. C'est le boulevard que vous voyez là-bas. Quand vous arrivez au boulevard des Italiens, tournez à droite. Ensuite, allez tout droit jusqu'à la place de l'Opéra. À la place de l'Opéra, tournez à gauche. Prenez l'avenue de l'Opéra. Continuez tout droit, jusqu'au rond-point de la Comédie-Française.
la touriste:	Oh là là ! C'est loin !
l'agent:	Mais non, c'est à environ vingt minutes à pied !

la touriste:	Vraiment ? Bon. Une fois au rond-point de la Comédie-Française, je vais où ?
l'agent:	Après, c'est très facile. Traversez la rue de Rivoli, qui est en face de vous. Marchez en direction du jardin des Tuileries. Et voilà, vous êtes arrivée !
la touriste:	Je suis arrivée ? Où ?
l'agent:	Mais à l'esplanade du Carrousel ! Vous allez reconnaître la grande pyramide du Louvre qui se trouve au milieu !
la touriste:	C'est là que se trouve l'entrée du musée, n'est-ce pas ? Je l'ai lu dans une brochure.
l'agent:	Oui, c'est là qu'on vend les billets pour visiter le Louvre.
la touriste:	Merci bien, monsieur l'agent. Au revoir.
l'agent:	Au revoir, madame. Et bonne promenade !

DIALOGUE 14: PARLONS DE LA FAMILLE

Cet après-midi, Albert est allé chez Mme Sorel pour lui dire bonjour. Maintenant, nos deux amis sont assis dans le salon de la famille Sorel. Mme Sorel est en train de servir du café.

Mme Sorel:	Encore du café, Albert ?
Albert:	Oui, je veux bien, merci. Sans sucre, s'il vous plaît. Et vous ? Vous ne prenez pas de café ?
Mme Sorel:	Non, je ne bois jamais de café. Je préfère le thé.
Albert:	Vous m'avez dit que vous venez de Bor-deaux. Avez-vous de la famille, là-bas ?
Mme Sorel:	Oh oui ! J'ai un frère et une sœur à Bor-deaux. Et j'ai aussi un oncle à Pau, un peu plus au sud. Mon frère est célibataire – comme vous, Albert ! Ma sœur est mariée. Elle a trois enfants: un fils et deux filles.

Albert:	Quel âge ont-ils ?
Mme Sorel:	Le garçon a douze ans. Mes nièces ont huit ans et cinq ans. Et vous, Albert, où habitez-vous ?
Albert:	Moi, j'habite dans la banlieue parisienne, avec mon père, ma mère, mon grand-père et ma grand-mère.
Mme Sorel:	Mais vous travaillez à Paris ? Dans une banque, n'est-ce pas ?
Albert:	Oui. Pour venir, je prends le train. C'est pourquoi je cherche un appartement à Paris. Un appartement plus petit que le vôtre, bien sûr ! Je regarde dans le journal. Mais je ne trouve rien.
Mme Sorel:	Si vous voulez quelque chose en plein centre, ça va être difficile !
Albert:	Oui, je sais. Enfin, je ne suis pas pressé. Pour l'instant, je ne suis pas si mal chez mes parents. Et puis, j'ai mes cousins et mes cousines qui habitent près de chez nous, dans la même banlieue.
Mme Sorel:	Et votre amie, Nathalie ? Elle habite aussi avec sa famille ?
Albert:	Non, elle a un studio près de Montpar-nasse. Ses parents sont à Lyon.
Mme Sorel:	Je connais quelqu'un qui habite à Lyon… une amie d'enfance. Mais, dites ! Nathalie ne doit pas voir ses parents souvent…
Albert:	En fait, elle leur téléphone souvent. Et elle va les voir dès qu'elle a des vacances. C'est facile. Pour y aller, elle prend toujours le TGV. Ça va plus vite.
Mme Sorel:	Malheureusement, les trains de banlieue ne vont pas aussi vite ! Dommage pour vous !

DIALOGUE 15: TOUT EST BIEN QUI FINIT BIEN

le voyageur: Pardon, mademoiselle. Vous n'avez pas vu une petite valise bleue ? Je l'ai laissée ici.

la voyageuse: Ici ? Non, monsieur.

le voyageur: Oh là là ! J'ai perdu ma valise ! C'est catastrophique !
Tous mes vêtements et mes affaires sont dans cette valise !

la voyageuse: Vous allez peut-être la retrouver. Voyons… Où êtes-vous allé avec votre valise ? Est-ce que vous vous rappelez ?

le voyageur: Je suis parti de chez moi avec la valise. Je suis arrivé à la gare.
Je suis allé au guichet acheter un billet de train. J'ai mis la valise à côté de moi. J'ai fait la queue pendant au moins vingt minutes. Hmm… La valise est peut-être restée derrière moi.
Ensuite, je suis allé sur le quai attendre mon train.
Malheureusement, je ne me souviens pas si j'ai quitté le guichet avec ma valise !

la voyageuse: Regardez la valise qui est là-bas, devant l'escalier.
Est-ce la vôtre ?

le voyageur: Non, la mienne n'est pas aussi grande et la mienne a des roues.
Et elle n'est pas de cette couleur.
Zut alors !

la voyageuse: De quelle couleur est la vôtre ?

le voyageur: Elle est bleue. Où se trouve le bureau des objets trouvés ?

la voyageuse: Au fond de la gare. Voilà ce que je propose : retournez au guichet et moi je vais aller au bureau des objets trouvés.
Retrouvons-nous ici dans quinze minutes.
D'accord ?

le voyageur: D'accord ! À tout à l'heure !

Au bout de 15 minutes, la voyageuse arrive avec une valise bleue à la main.

le voyageur: Oui ! C'est ma valise ! Où l'avez-vous trouvée ?

la voyageuse:	Au bureau des objets trouvés. Un autre touriste s'est trompé de valise au guichet, il a pris la vôtre au lieu de la sienne. Il est désolé.
le voyageur:	Je suis si content de retrouver ma valise !
la voyageuse:	Vous voyez ! « Tout est bien qui finit bien. »
le voyageur:	Oui. Et merci à vous, mademoiselle, d'avoir été aussi gentille. Vous habitez à Paris ?

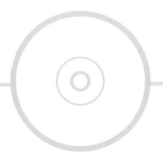

Exercices / Exercises

Exercise A

CHOISISSEZ LE MOT APPROPRIÉ

Complete these sentences by choosing the appropriate word.

Exemple : Je voudrais t'indiquer le chemin. (arriver/indiquer/aller)

1. Ce monsieur est un .... de la circulation. (musée/touriste/agent)

2. Pour .... , prenez l'ascenseur. (descendre/lire/visiter)

3. Il faut tourner à .... (là-bas/droite/droit)

4. Le boulevard Haussmann, c'est le boulevard que nous voyons à ....

   (gauche/droit/milieu)

5. Continuez .... la place de l'Opéra. (jusqu'au/jusqu'à/jusqu'aux)

6. Où se trouve le .... de la Comédie-Française ? (rue/place/rond-point)

7. Mais non, ce n'est pas loin, c'est.................................. ! (près/à pied/bon)

8. Le Louvre est...................................... trente minutes d'ici. (de/à/pour)

9. Est-ce que vous y allez .... ou en voiture ? (maintenant/toujours/à pied)

10. Y allez-vous avant la leçon, ou .... ? (après/loin/derrière)

11. C'est.. ou difficile ? (ici/facile/quelque chose)

12. La pyramide se trouve ....

    de l'esplanade du Carrousel. (sous/sans/au milieu)

13. La touriste a lu une............................... sur le Louvre. (brochure/journal/entrée)

14. Nous allons faire une petite .... à pied. (voyage/chemin/promenade)

15. Nos amis sont................................... dans le salon. (assis/français/boire)

16. Mme Sorel est la .... de M. Sorel. (femme/cousin/frère)

17. Elle est en train .... servir le café. (à/de/du)

18. Albert prend son café.. sucre. (pour/sans/devant)

19. Albert n'est pas le .... de Nathalie. (agent/employé/mari)

20. Je ne bois .... de thé. (jamais/toujours/rien)

21. Tu n'écoutes .... ! (quelqu'un/personne/moi)

22. Mon oncle .... soixante ans. (est/as/a)

23. Le frère de Mme Sorel est.. . (célibataire/sœur/fils)

24. Quel âge .... -tu ? (es/est/as)

25. Albert habite dans la .... parisienne. (gare/hôtel/banlieue)

26. Le père de mon père est mon .... (fils/mari/grand-père)

27. On prend l'avion à l' .... (gare/aéroport/maison)

28. Je lis le... tous les jours. (brochure/leçon/journal)

29. Albert cherche mais il ne .... rien. (va/vient/trouve)

30. Notre-Dame est en plein .... de Paris. (centre/boulevard/banlieue)

31. Vite ! Je suis .... ! (pressé/temps/marié)

32. Nathalie va à Lyon .... elle a des vacances. (dès qu'/avec/pourquoi)

33. En TGV, ça va .... vite ! (plus/rien/personne)

34. Je ne me .... pas où j'ai mis mon passeport. (trouve/perds/rappelle)

35. Le voyageur a fait la ....

    pour acheter un billet de train. (valise/queue/voiture)

36. Êtes-vous assis .... de moi ? (devant/derrière/à côté)

37. Il y a un..................................... pour aller au premier étage. (escalier/train/taxi)

38. De quelle .... est votre livre ? (petit/grand/couleur)

39. Où ....

le bureau des objets trouvés ? (se trompe/se rappelle/se trouve)

40. Une voiture a quatre... . (porteurs/roue/roues)

41. .... avez-vous trouvé cet objet ? (qui/où/que)

42. Il a pris toutes les valises en .... temps. (même/moins/aussi)

43. ....-moi, je suis désolé. (Trompez/Trouvez/Excusez)

44. Cette clé n'est pas la.................................... ! (mien/mienne/miennes)

45. Est-ce que vous ....

me vendre un billet, s'il vous plaît ? (pouvoir/pourriez/voudrais)

46. Cette question .... l'exercice. (commence/finir/finit)

Exercise B

COMPLÉTEZ LES PHRASES AVEC LE PASSÉ COMPOSÉ DES VERBES

Conjugate the verbs in the past tense (passé composé).

Exemples: Hier, est-ce que tu <u>as été</u> fatigué après la classe ? (être)
Je <u>suis sorti</u> à midi. (sortir)

1. Hier, nous .... beaucoup de travail. (avoir)

2. Albert.. un mois à Lyon. (rester)

3. Hier, nous .... la cuisine pour nos amis. (faire)

4. Est-ce que vous .... un taxi pour visiter Paris ? (prendre)

5. Où .... -tu .... ? (aller)

6. J' .... mon nom sur l'enveloppe. (mettre)

7. Qu'est-ce que tu .... ? (dire)

8. Le voyageur .... à dix heures. (arriver)

9. On .... une brochure sur le Louvre. (lire)

10. Est-ce que cette voyageuse .... prendre l'avion ? (pouvoir)

11. Hier, je.. au bureau sans la voiture. (venir)

12. Hier matin, nous n' .... pas l'autobus. (voir)

13. ....-tu .... ton parapluie ? (apporter)

14. Je .... en vacances sans ma famille. (partir)

15. Les employés n' .... pas...................................... bonjour au patron. (dire)

16. Nous... une carte de France. (acheter)

17. Est-ce que l'agent... au touriste ? (répondre)

18. Je n' .... pas .... visiter tout le musée. (pouvoir)

19. Vous n'........................... pas .... le temps ? (avoir)

20. Albert ....t-il .... faire la cuisine ? (vouloir)

21. Aujourd'hui il ne pleut pas. Mais hier, est-ce qu'il ....? (pleuvoir)

22. Qu'est-ce que vous .... hier soir ? (faire)

23. Thomas n' .... pas encore .... de vacances. (revenir)

24. ....-vous déjà .... au musée d'Orsay ? (aller)

25. À quelle heure cet employé .... t-il

.... au bureau ? (arriver)

26. Paul m' .... une carte postale. (envoyer)

27. ....-tu .... au rez-de-chaussée ? (descendre)

28. Je ....tout l'après-midi au musée du Louvre. (rester)

29. Ils .... les billets à l'entrée. (vendre)

30. Nous... le verbe qu'il faut ! (choisir)

Exercise C

CHOISISSEZ QUI OU QUE (OU QU')

Complete the sentences with qui, que **(or** qu')

Exemples : Vous pouvez prendre le journal qui est devant vous.
Je sais que vous avez vendu votre voiture.
Les étudiants qu'on connaît sont belges.

1. Connaissez-vous le monsieur.. est sorti ?

2. L'avenue .... est en face de nous est l'avenue des Champs-Élysées.

3. Les amis .... elle attend vont arriver à quatre heures.

4. La brochure .... nous lisons est très intéressante.

5. Avez-vous parlé au monsieur .... est venu ce matin ?

6. Comment s'appelle le garçon .... a téléphoné ?

7. Le musée .... nous avons visité hier est le Louvre.

8. Tu vas reconnaître la pyramide .... se trouve au milieu.

9. Ils disent .... le jardin des Tuileries est très beau.

10. Le voyageur .... a perdu sa valise s'appelle Dubois.

11. On sait bien .... la pyramide est l'entrée du musée.

12. Voici la réceptionniste .... m'a répondu au téléphone.

13. Où se trouve le jardin .... elle a visité ?

14. Les voyageurs ont pris le premier autobus .... est arrivé !

15. Quel est le restaurant .... tu préfères ?

Exercise D

RÉPONDEZ À LA FORME NÉGATIVE

Answer the questions in the negative form.

Exemples : Est-ce que tu bois quelque chose ?

Non, je ne bois rien.

Est-ce que tu attends quelqu'un ?

Non, je n'attends personne.

1. Est-ce que tu écris quelque chose en espagnol ?

....

2. Est-ce que tu vois quelqu'un devant toi ?

....

3. Écoutes-tu quelque chose à la radio ?

....

4. Lis-tu quelque chose dans le journal ?

....

5. Appelles-tu quelqu'un au téléphone ?

....

Exercise E

RÉPONDEZ AVEC EN TRAIN DE + INFINITIF

Answer these questions using the progressive present « être en train de » **followed by the infinitive form of the main verb.**

Exemples : Le garçon sert-il le thé ?

Oui, il est en train de servir le thé.

Est-ce que vous étudiez le français ?

Oui, je suis en train d'étudier le français.

1. Regardez-vous la télé ? ....

2. Nathalie boit-elle du café ? ....

3. Est-ce que vous écoutez de la musique ?

....

4. M. Sorel lit-il son journal ?..

5. Finissez-vous cet exercice ?...

Exercise F

RÉPONDEZ PAR DES PHRASES COMPLÈTES

Answer with complete sentences.

1. L'avion va-t-il plus vite que le train ?

....

2. En France, l'hiver est-il plus froid que l'automne ?

....

3. Est-ce que Monaco est moins grand que Paris ?

....

4. Les trains de banlieue vont-ils moins vite que le TGV ?

....

5. Le jardin des Tuileries se trouve-t-il à Bordeaux ?

....

6. De quelle couleur est le ciel quand il fait beau ?

....

7. Est-ce que ce livre est le vôtre ?

....

8. Avez-vous fini tous les exercices de cette leçon ?

....

9. La leçon 16 est-elle avant la leçon 17 ou après la leçon 17 ?

....

10. Avez-vous lu tout le livre ?

....

17. Parisian Life

Lesson 17 is an introduction to Paris and the Parisian way of life. You will learn how to talk in the immediate past and use demonstrative pronouns. You will also learn how to develop your conversation skills further.

A QUELLE HEURE VOUS LEVEZ-VOUS ?
AT WHAT TIME DO YOU GET UP?

Abou a de la famille à la campagne. Une de ses cousines, qui s'appelle Awa, vient de temps en temps à Paris. Elle vient passer quelques jours de vacances chez Abou. Les deux jeunes gens, qui ont le même âge, sortent souvent ensemble pour s'amuser dans la capitale.

Abou has family in the country. One of his cousins, whose name is Awa, comes to Paris from time to time. She comes and spends a few days' vacation at Abou's. The two youngsters, who are the same age, often go out together to have fun in the capital.

Awa:	Je trouve que les gens se lèvent tard à Paris ! I find people get up late in Paris!
Abou:	Ceux qui sont en vacances, comme nous, oui. Chez toi, à la campagne, à quelle heure te lèves-tu ? Those who are on vacation, like us, yes. At your house, in the country, what time do you get up?
Awa:	Oh, beaucoup plus tôt. Là-bas, je me lève à six heures du matin. Je me lave, je me brosse les dents et je m'habille avant le lever du soleil !

Oh, much earlier. There, I get up at six in the morning.
I wash, I brush my teeth, and I get dressed before sunrise!

Abou: *C'est probablement parce que tu te couches tôt.*
It's probably because you go to bed early.

Awa: *Tu as raison. Je ne me couche jamais après dix heures du soir.*
You are right. I never go to bed after ten at night.

Abou: *Nous, les Parisiens, on se couche beaucoup plus tard que ça.*
We Parisians go to bed much later than that.

Awa: *C'est normal. Il y a tant de choses à faire ici. Là-bas, au contraire, il n'y a rien pour les jeunes. Moi, je lis et je regarde la télé. Chez nous, quelquefois, on joue aux cartes. Voilà, c'est tout ! Alors bien sûr, je m'ennuie… et je me couche tôt.*
That's natural. There are so many things to do here. Back home, on the contrary, there is nothing for young people. I read and I watch TV. At home, sometimes we play cards. There, that's it! So naturally I get bored…and I go to bed early.

Abou: *C'est pour ça que je n'aime pas la campagne. C'est trop tranquille. Ça me semble monotone.*
That's why I don't like the country. It's too quiet. It seems monotonous to me.

Awa: *Tu peux le dire ! Mes parents se sont habitués à ce mode de vie. Ils disent qu'à la campagne, on se repose. Mais moi, la campagne, ce n'est pas vraiment mon truc.*
You can say that again! My parents have gotten used to that way of life. They say that you can relax in the country. But for me, living in the country is not really my thing.

Abou: *Je suis d'accord avec toi ! Je suis trop jeune pour me reposer. Tu sais, Awa, tu peux venir habiter chez nous quand tu veux. Mes parents t'aiment beaucoup. Notre maison est la tienne.*
I agree with you! I'm too young to relax. You know, Awa, you can come and live with us whenever you like. My parents are very fond of you. Our home is your home.

Awa: *Merci, Abou. Mais je préfère venir ici en vacances, pour m'amuser.*
Thank you, Abou. But I'd rather come here on vacation, to have fun.

Abou: *Je te comprends ! Alors, qu'est-ce qu'on va faire ce soir ?*
I understand. So what are we going to do tonight?

Awa: *Eh bien, je viens d'acheter Pariscope*. Voyons s'il y a quelque chose qui nous plaît.*
Well, I've just bought Pariscope. Let's see if there is something that takes our fancy.

*This weekly magazine comes out every Wednesday in Paris and is sold at every kiosk there. In it, you can find listings for what is happening in Paris that week.

Grammaire / Grammar

1. LES VERBES PRONOMINAUX (SUITE) / REFLEXIVE VERBS (CONTINUED)

A) s'amuser to have fun/to have a good time

Nous nous amusons toujours à Paris !
We always have fun in Paris!

Hier soir, est-ce que vous vous êtes amusés ?
Did you have fun last night?

Jean-Marc ne s'est pas amusé hier à l'école.
Jean-Marc didn't have a good time at school yesterday.

B) s'ennuyer to get bored

Je ne m'ennuie jamais avec toi !
I never get bored with you!

Si vous vous ennuyez, regardez la télévision.
If you get bored, watch television.

Les enfants se sont ennuyés au concert.
The children got bored at the concert.

C) se lever to get up/to stand up

À quelle heure vous levez-vous le matin ?
At what time do you get up in the morning?

Je ne me lève jamais avant six heures.
I never get up before six.

D) se coucher to go to bed

Awa trouve que les Parisiens se couchent tard.
Awa finds that Parisians go to bed late.

À quelle heure t'es-tu couché, hier ?
At what time did you go to bed yesterday?

E) se reposer to rest

À la campagne, on se repose beaucoup.
In the country, one gets a lot of rest.

Dès que je suis fatigué, je me repose.
As soon as I am tired, I rest.

F) se laver to wash (oneself)

G) se peigner to comb one's hair

Je me lave et je me peigne à l'hôtel.
I wash and I comb my hair at the hotel.

H) se raser to shave

M. Sorel se rase chaque matin.
Mr. Sorel shaves every morning.

I) se maquiller to use make up

Mme Sorel ne se maquille pas beaucoup.
Mrs. Sorel doesn't use much makeup.

J) s'habiller to get dressed/to dress up

T'habilles-tu pour aller à l'Opéra ?
Do you dress up to go to the Opera?

K) s'habituer (à) to get used to

Est-ce que vous vous êtes habitué à la cuisine française ?
Did you get used to French cooking?

Mes parents se sont habitués à ce mode de vie.
My parents have gotten used to that way of life.

In the last example, habitué has an s because the past participle of any verb using être (here sont) must agree with its subject (here mes parents, plural).

2. LES PRONOMS DÉMONSTRATIFS / DEMONSTRATIVE PRONOUNS

Les pronoms démonstratifs :

celui *(m sing.)*/celle *(f sing.)*

ceux *(f plur.)*/celles *(f plur.)*

Où est mon journal ? Ce n'est pas celui qui est sur la table.
(journal, masculine singular, celui)
Where is my newspaper? It's not the one that's on the table.

Voici ma voiture et voilà celle de M. Sorel.
(voiture, feminine singular, celle)
Here is my car, and there is Mr. Sorel's.

Ces voyageurs sont ceux que vous connaissez.
(voyageurs, masculine plural, ceux)
Those travelers are the ones (whom) you know.

Prenez vos valises et celles de l'autre voyageur.
(valises, feminine plural, celles)
Take your suitcases and the other traveler's.

As indicated above, the most typical uses of the demonstrative pronouns are with qui, que, or de.

Examples:

le journal qui…	– celui qui…
le journal que…	– celui que…
le journal de…	– celui de…
la maison qui…	– celle qui…
la maison que…	– celle que…
la maison de…	– celle de…
les livres qui…	– ceux qui…

3. VENIR DE + INFINITIVE / THE IMMEDIATE PAST (VENIR DE) + INFINITIVE

The construction "venir de + infinitive" means "to have just (done something)". It is called le passé récent (immediate past). This construction is considered to be the opposite of aller + infinitif (near future) studied in Lesson 9.

Vous venez de lire la leçon 3. Demain vous allez lire la leçon 4.
You have just read Lesson 3. Tomorrow you are going to read Lesson 4.

Compare the immediate future (studied in Lesson 9) to the immediate past:

Immediate past	Immediate future
venir de + *infinitive*	aller + *infinitive*
Je <u>viens de</u> manger (I have just eaten)	Je <u>vais</u> partir (I am going to leave)
Tu <u>viens de</u> manger	Tu <u>vas</u> partir
Il <u>vient de</u> manger	Il <u>va</u> partir
Nous <u>venons de</u> manger	Nous <u>allons</u> partir
Vous <u>venez de</u> manger	Vous <u>allez</u> partir
Ils <u>viennent de</u> manger	Ils <u>vont</u> partir

Je viens de prendre un café. Je vais manger un croissant.
I have just had a coffee. I am going to eat a croissant.

Nous venons d'acheter le journal. Nous allons choisir un film.
We have just bought the newspaper. We are going to choose a movie.

Abou et Awa viennent de sortir. Après, ils vont aller au cinéma.
Abou and Awa have just left. Afterwards, they are going to go to the movies.

Examples with the infinitive of a reflexive verb:

Elle vient de se lever. Elle va s'habiller.
She has just got up. She is going to get dressed.

Tu viens de te tromper. Tu vas te corriger.
You have just made a mistake. You are going to correct yourself.

Je viens de me rappeler quelque chose. Je vais me lever.
I have just remembered something. I am going to get up.

Nous venons de nous coucher.
We have just gone to bed.

Notice, in the last four examples, how the infinitive of a reflexive verb reflects the subject by adjusting the pronoun se to the subject of the verb. Compare the 2 sets of sentences below: one set with the verbs in the regular present and the other set with the verbs in the immediate past which requires the infinitive of the main verb. Even though the infinitive verb is not conjugated, the se pronoun still needs to be adjusted:

	Regular past	**Immediate past**
se lever	Elle se lève à 7h. (She gets up at 7:00.)	Elle vient de se lever. (She has just gotten up.)
se tromper	Tu te trompes. (You are mistaken.)	Tu viens de te tromper. (You just made a mistake.)
se rappeler	Je me rappelle. (I remember.)	Je viens de me rappeler. (I have just remembered.)
se coucher	Nous nous couchons à 11h. (We go to bed at 11.)	Nous venons de nous coucher. (We have just gone to bed.)

Se lever remains se lever because the subject is elle (to review all the "second pronouns" used with reflexive verbs, see Lesson 15).

That is also why, towards the end of Dialogue 17, the verb s'amuser becomes m'amuser when Awa says:

Je préfère venir ici en vacances, pour m'amuser.
I'd rather come here on vacation, to have fun.

4. AU CONTRAIRE ! / ON THE CONTRARY!

s'amuser	to have fun	s'ennuyer	to be bored
travailler	to work	se reposer	to rest
se lever	to get up	se coucher	to go to bed
s'habiller	to get dressed	se déshabiller	to get undressed

Le matin, je me lève et je m'habille. Le soir, je me déshabille et je me couche.
In the morning, I get up and I get dressed. At night, I undress and I go to bed.

même	différent
same	different

Vous et moi, nous n'habitons pas à la même adresse. Nous avons des adresses différentes.
You and I, we don't live at the same address. We have different addresses.

Here are the four forms:

le même restaurant	des restaurants différents
la même adresse	des adresses différentes
les mêmes garçons	des garçons différents
les mêmes écoles	des écoles différentes

jeune	vieux
young	old

Here are the four forms:
jeune *(m/f sing.):* young
jeunes *(m/f plur.)*
vieux *(m sing.)*/vieille *(f sing.)*: old
vieil*(m sing.)* is used before masculine noun starting with a vowel or a silent h.
vieux *(m plur.)*/vieilles *(f plur.)*

Le jeune homme habite avec un vieux monsieur et une vieille dame.
The young man is living with an old man and an old woman.

tard	tôt
late	early

À la campagne, je me lève tôt : je me lève à cinq heures du matin ! À la ville, les gens se lèvent tard.
In the country, I get up very early: I get up at five a.m.! In the city, people get up late.

un peu	beaucoup
a little	a lot/many/very much
trop	pas assez
too much/too many	not enough
ce soir	ce matin
tonight	this morning
moi aussi	moi non plus
me too	me neither
je vais boire	je viens de boire
I am going to drink	I have just drunk
avoir raison	avoir tort
to be right	to be wrong

In Lesson 14, we already saw a case where French uses the verb avoir (to have) while English uses the verb "to be" (J'ai trente ans = I am thirty years old).

Likewise, the expressions "to be right" and "to be wrong" also use the verb "to have," in French.

Abou a raison ! Mais toi, tu n'as pas raison : tu as tort !
Abou is right! But you are not right: you are wrong!

We will study more expressions using avoir in Lesson 19.

Vocabulaire / Vocabulary

se lever: *to get up*

Vous levez-vous ?:
Are you getting up? (formal)

Tu te lèves ?: *Are you getting up? (familiar)*

nous le savons: *we know*

passer: *to spend (time)*

il vient de passer…:
he has just spent… (time)

quelques: *some/a few*

quelques jours: *a few days*

sortir: *to go out*

ils sortent: *they go out*

s'amuser: *to have fun*

pour s'amuser: *in order to have fun*

tard: *late*

tôt: *early*

beaucoup plus tôt: *very much earlier*

beaucoup plus tard que ça:
very much later than that

ceux: *those*

ceux qui sont en vacances:
those who are on vacation

comme nous: *like us/ourselves*

chez nous: *at our house*

chez toi: *at your house*

se brosser les dents: *to brush one's teeth*

je me brosse les dents: *I brush my teeth*

s'habiller: *to get dressed*

je m'habille: *I get dressed*

avant: *before*

après: *after*

quelquefois: *sometimes*

le lever du soleil: *sunrise*

se coucher: *to go to bed*

je me couche tôt: *I go to bed early*

tu te couches: *you go to bed*

je ne me couche jamais: *I never go to bed*

on se couche: *one goes to bed*

tu as raison: *you are right*

tu as tort: *you are wrong*

tant de choses à faire:
so many things to do

une chose: *a thing*

les jeunes: *young people*

pour les jeunes: *for young people*

jouer (regular "er" verb): *to play*

jouer aux cartes: *to play cards*

on joue aux cartes:
one plays cards/we play cards

s'ennuyer: *to be bored*

je m'ennuie: *I'm bored*

C'est pour ça que je n'aime pas…:
That's why I don't like…

sembler (regular "er" verb): *to seem*

ça me semble: *it seems to me*

monotone: *monotonous*

mes parents: *my parents*

s'habituer: *to get used to*

Ils se sont habitués à ce mode de vie.:
They have gotten used to that way of life.

un mode de vie: *a way of life*

se reposer: *to rest/relax*

on se repose: *one rests/relaxes*

vraiment: *really*

Ce n'est pas mon truc.:
It's not my thing (It's not my cup of tea).

Ce n'est pas vraiment mon truc.:
It is not really my thing.

être d'accord: *to agree*

je suis d'accord: *I agree*

je ne suis pas d'accord avec toi:
I don't agree with you.

pour me reposer: *(in order) to rest/relax*

pour m'amuser: *(in order) to have fun*

tu peux venir habiter ici:
you can come and stay here

quand tu veux: *when you want*

ils t'aiment beaucoup:
they like you very much

je préfère venir: *I prefer to come*

comprendre (conjugated like prendre):
to understand

je te comprends: *I understand you*

Qu'est-ce qu'on va faire ?:
What are we going to do?

je viens d'acheter…: *I've just bought…*

Voyons s'il y a…: *Let's see if there is…*

une de ses cousines:
one of his (female) cousins

de temps en temps: *from time to time*

chaque: *every/each*

les gens: *the people*

les jeunes gens: *young people*

jeune: *young*

l'âge: *age*

souvent: *often*

la capitale: *the capital*

je trouve que: *I find that*

probablement: *probably*

parce que: *because*

dix heures du soir: *ten o'clock in the evening*

les Parisiens: *the Parisians*

au contraire: *on the contrary*

il n'y a rien: *there is nothing*

c'est tout: *that's all*

tranquille: *quiet*

trop: *too*

trop tranquille: *too quiet*

Tu peux le dire !: *You can say that again!*

la vie: *life*

notre maison: *our house*

ce soir: *this evening*

quelque chose qui nous plaît:
something that we like

ça nous plaît: *we like that*

plaire (irregular): *to please*

s'il vous plaît: *please (formal/plural)*

s'il te plaît: *please (familiar)*

Exercices / Exercises

Exercise A

RÉPONDEZ D'APRÈS LE DIALOGUE

Answer the questions using the Lesson 17 dialogue.

1. Comment s'appelle la cousine d'Abou ?

....

2. Awa habite-t-elle à Paris ?

....

3. Est-elle plus vieille qu'Abou ?

....

4. Les deux jeunes gens ont-ils le même âge ?

....

5. Quand Awa est à la campagne, se lève-t-elle tôt ou tard ?

....

6. À quelle heure se lève-t-elle ?

....

7. Que fait-elle avant le lever du soleil ?

....

8. Est-ce qu'Awa se couche quelquefois après dix heures du soir ?

....

9. Abou est-il parisien ?

....

10. Peut-on faire beaucoup de choses le soir à Paris ?

....

11. À la campagne, y a-t-il beaucoup de choses pour les jeunes ?

....

12. Pourquoi Awa se couche-t-elle tôt ?

....

13. Abou aime-t-il la campagne ?

....

14. Pourquoi ne l'aime-t-il pas ?

....

15. Est-ce que les parents d'Awa se sont habitués à la campagne ?

....

16. Qu'est-ce qu'ils disent ?

....

17. Awa peut-elle venir habiter chez Abou ?

....

18. Les parents d'Abou aiment-ils Awa ?

....

19. Awa, c'est leur nièce ?

....

20. Abou et Awa sont-ils vos cousins ?

....

21. Vous n'êtes pas de la même famille ?

....

22. Qu'est-ce qu'Awa vient d'acheter ?

....

23. Que va-t-elle regarder dans ce magazine ?

....

24. Les jeunes gens aiment-ils sortir ensemble ?

....

25. Est-ce qu'ils s'amusent bien ?

....

18. Shopping

Lesson 18 talks about shopping. You will further look at the future tense and learn how to talk about the continuous past. By now, you should be able to easily follow the flow of the audio and have a firm grasp of the grammar and a comprehensive vocabulary.

QUELQUES ACHATS DANS UN GRAND MAGASIN
A FEW PURCHASES IN A DEPARTMENT STORE

la vendeuse:	On s'occupe de vous, monsieur ?
	Are you being helped, sir?
le client:	Je voudrais essayer des chaussures.
	I would like to try on some shoes.
la vendeuse:	Bien, monsieur. Lesquelles ?
	Very well, sir. Which ones?
le client:	Celles qui sont à droite, là-bas, sur l'étagère.
	Those on the right, over there, on the shelf.
la vendeuse:	Bien. Quelle est votre pointure ?
	All right. What is your shoe size?
le client:	Quarante. Je les voudrais en marron, s'il vous plaît.
	Forty. I would like them in brown, please.
la vendeuse:	En marron, du quarante… Je ne sais pas s'il en reste. Veuillez attendre une minute. Je vais voir.
	In brown, size forty… I don't know if there are any left. Please wait a moment. I'll go and check.

Quelques minutes plus tard, la vendeuse revient, les mains vides.
A few minutes later, the saleswoman comes back empty-handed.

la vendeuse: Je suis désolée, monsieur. Il ne reste plus de quarante en marron.
I am sorry, sir. There isn't any size forty in brown left.

le client: Oh, c'est dommage ! Je cherche ce genre de chaussures depuis longtemps. Et maintenant que je les trouve, il n'en reste plus.
Oh, that's a pity! I've been looking for this style of shoes for a long time. And now that I have found them, there aren't any left.

la vendeuse: Mais j'en aurai demain. Pourriez-vous repasser demain après-midi ?
But I will have some by tomorrow. Could you drop by again tomorrow afternoon?

le client: Demain, hum… À quelle heure fermez-vous ?
Tomorrow… What time do you close?

la vendeuse: Nous fermons à dix-huit heures trente, monsieur.
We close at 6:30 p.m.

le client: Bon, c'est entendu. Je reviendrai demain. Je dois aussi acheter des cravates. Où est-ce que je peux en trouver ?
OK, fine. I'll come back tomorrow. I must also buy some ties. Where can I find them?

la vendeuse: Il n'y en a pas à cet étage. Vous devez descendre au rez-de-chaussée. Vous y trouverez tous les vêtements pour homme : cravates, chemises, chaussettes, pantalons, vestons, etc.
There aren't any on this floor. You must go down to the ground floor. There you will find all men's clothing: ties, socks, pants, jackets, etc.

le client: Est-ce qu'on vend aussi des souvenirs de Paris ? Je dois en acheter pour des amis étrangers.
Do they also sell souvenirs of Paris there? I have to buy some for some foreign friends of mine.

la vendeuse: Oui, monsieur. Les souvenirs sont également au rez-de-chaussée, mais de l'autre côté du magasin.
Yes, sir. The souvenirs are also on the ground floor, but on the other side of the store.

le client: Je vois. Par où est-ce qu'on descend ?
I see. How do I get down?

la vendeuse: Par là. Il y a un escalier mécanique juste derrière vous.
That way. There's an escalator just behind you.

le client: Merci bien. Alors à demain. N'oubliez pas de commander mes chaussures – du quarante, en marron.
Thanks a lot. Well, see you tomorrow. Don't forget to order my shoes – size forty, in brown.

la vendeuse: Je n'oublierai pas, monsieur. À demain.
I won't forget, sir. See you tomorrow.

Grammaire / Grammar

1. LE FUTUR / THE FUTURE TENSE

We have seen that the future can be expressed by simply using the present tense, or by using aller + infinitif (see Lesson 11).

But there is also a specific future tense in French. The way to form this is by taking the infinitive of the verb and adding the endings -ai, -as, -a, -ons, -ez, -ont.

---

trouver (regular -er) to find

je	trouver**ai** *(troo-vreh)*
tu	trouver**as** *(troo-vrah)*
il/elle/on	trouver**a** *(troo-vrah)*
nous	trouver**ons** *(troo-vrohN)*
vous	trouver**ez** *(too-vray)*
ils/elles	trouver**ont** *(troo-vrohN)*

---

finir (regular -ir) to finish

je	finir**ai**
tu	finir**as**
il/elle/on	finir**a**
nous	finir**ons**
vous	finir**ez**
ils/elles	finir**ont**

---

attendre (regular -re*) to wait

j'	attendr**ai**
tu	attendr**as**
il/elle/on	attendr**a**
nous	attendr**ons**
vous	attendr**ez**
ils/elles	attendr**ont**

---

*Notice that the r of the infinitive is always sounded in the future tense.

Aujourd'hui je parle à Nathalie. Hier j'ai parlé à Catherine. Demain je parlerai à Paul.
Today I am speaking to Nathalie. Yesterday I spoke to Catherine. Tomorrow I will speak to Paul.

Je ne finirai pas ce livre demain.
I will not finish this book tomorrow.

Mettras-tu une cravate ?
Will you put on a tie?

Nous partirons la semaine prochaine.
We shall leave next week.

Nous verrons !
We'll see!

Vous n'oublierez pas ?
You won't forget?

Nos amis arriveront le mois prochain.
Our friends will arrive next month.

Je reviendrai au magasin demain après-midi.
I will come back to the store tomorrow afternoon.

Note that the last example shows an irregular future – reviendrai (from revenir). We will examine irregular futures Lesson 19.

2. LES PRONOMS INTERROGATIFS / INTERROGATIVE PRONOUNS

lequel *m*	laquelle *f*	lesquels *m*	lesquelles *f*
(luh-kehl)	(lah-kehl)	(leh-kehl)	(leh-kehl)
which one		which ones	

Voici deux pulls. Lequel préférez-vous ? (masculine, lequel)
Here are two sweaters. Which one do you prefer?

Je vois trois voitures. Laquelle est la vôtre ? (feminine, laquelle)
I see three cars. Which one is yours?

Il y a beaucoup de grands magasins à Paris. Lesquels préfères-tu ?
(masculine plural, lesquels)
There are many department stores in Paris. Which ones do you like best?

Je voudrais essayer des chaussures. Bien, monsieur. Lesquelles ?
(feminine plural, lesquelles)

I would like to try on some shoes. Certainly, sir. Which ones?

3. DEPUIS / SINCE OR FOR

To express an action started in the past but continuing in the present, use the present tense + depuis + the time specified.

Albert habite à Paris depuis deux ans.
Albert has been living in Paris for two years.

Nous attendons l'autobus depuis dix minutes.
We have been waiting for the bus for 10 minutes.

On voyage en train depuis une semaine.
We have been traveling by train for a week.

Vous marchez depuis une heure.
You've been walking for an hour.

Je cherche ce genre de chaussures depuis longtemps.
I've been looking for this kind of shoes for a long time.

Likewise, use the present tense with depuis combien de temps when asking questions of this kind:

Depuis combien de temps travailles-tu ici ? Je travaille ici depuis un mois.
How long have you been working here? I've been working here for a month.

Depuis combien de temps ces voyageurs sont-ils à Paris ? Ils y sont depuis trois mois.
How long have these travelers been in Paris? They've been here 3 months.

Note that the pronoun « depuis » may also be followed by a specific time or date. In this case, it means "since".

Examples:

J'habite à Paris depuis 2004.
I have been living in Paris since 2004.

Elle travaille ici depuis lundi dernier.
She has been working here since last Monday.

J'apprends le chinois depuis l'année dernière.
I have been studying Chinese since last year.

In the following sentence, "depuis" can mean "for" or "since":

Je travaille depuis 3 heures.
I have been working for 3 hours/I have been working since 3 o'clock.

4. LE PRONOM "EN" / THE PRONOUN "EN"

en some/any

We have already seen (Lesson 7) that French often uses partitive articles:

du thé   tea/some tea
de la confiture   jam/some jam
des enfants   children/some children

To avoid unnecessary repetition, a special pronoun (en) is often used in place of a noun and its partitive article.

For example:

Nous achetons des chemises.   Nous en achetons.
We are buying some shirts.   We are buying some.

In a typical sentence, en is placed just before the verb (just as the pronoun y is – for more information on y, see Lesson 7 again).

Le vendeur a du travail.   Il en a.
The salesman has some work.   He has some.

Moi, j'en ai aussi !
I also have some!

J'ai apporté de la confiture. Est-ce que vous en voulez ?
I brought some jam. Do you want some?

Je n'ai pas de chaussures noires, mais j'en aurai demain.
I don't have any black shoes, but I will have some tomorrow.

Des chaussures blanches ? Je ne sais pas s'il en reste.
White shoes? I don't know whether there are any left.

On vend des souvenirs ici. Je veux en acheter.
They sell souvenirs here. I want to buy some.

You will see from the last example that when there is a modifying verb (here veux), en is placed before the verb of action (here acheter).

Il y a du café. Tu n'en bois pas ?
There's some coffee. Aren't you drinking any?

Note how ne becomes n' before en.

5. VERBE (DEVOIR) / VERB (TO HAVE TO/TO OWE)

We have seen (Lesson 9) that il faut is an impersonal expression, and that it is often followed by an infinitive. Necessity can also be expressed by another verb – devoir. This can be used in any person and is followed by an infinitive. Devoir is therefore similar to several modifying verbs covered earlier: savoir, pouvoir, vouloir.

---

devoir to have to

je	dois	nous	devons
tu	dois	vous	devez
il/elle/on	doit	ils/elles	doivent

Il faut envoyer ces lettres.
It is necessary to mail these letters.

Nous devons envoyer ces lettres.
We must mail these letters.

Faut-il remplir une fiche ?
Is it necessary to fill out a form?

Est-ce que vous devez remplir une fiche ?
Do you have to fill in a form?

Le client doit revenir demain.
The customer must come back tomorrow.

La cliente doit essayer une jupe.
The customer must try on a skirt.

Tous les clients doivent payer.
All the customers have to pay.

On vend des souvenirs. Je dois en acheter.
They sell souvenirs. I have to buy some.

Notice the place of devoir in relation to the action verb, when the sentence is interrogative or negative:

Dois-tu rentrer chez toi ?
Must you go home?

Vous ne devez pas partir sans passeport.
You mustn't leave without your passport.

The past participle of devoir is dû:

Hier j'ai dû sortir.
Yesterday I had to leave.

Nous n'avons pas dû payer.
We didn't have to pay.

Vocabulaire / Vocabulary

quelques: *some, a few*

un achat: *a purchase*

quelques achats: *a few purchases*

quelques minutes: *a few minutes*

un magasin: *a store*

un grand magasin:
a department store

un étage: *a floor, story*

à cet étage: *on this floor*

le côté: *the side*

de l'autre côté du magasin:
on the other side of the store

par où: *which way*

par là: *that way*

un escalateur:
an escalator

une étagère: *a shelf*

un vendeur *m*/**une vendeuse** *f*:
a sales person

s'occuper (regular "-er" verb):
to attend to

s'occuper de quelqu'un:
to attend to someone

On s'occupe de vous ?:
Are you being attended to?

essayer: *to try*

des chaussures: *(some) shoes*

lesquelles ?:
which ones? (feminine plural)

mes chaussures: *my shoes*

celles qui sont à droite:
those on the right

une paire de chaussures:
a pair of shoes

la pointure: *the shoe size*

Quelle est votre pointure ?:
What size are you?

quarante: *forty (US men's shoe size 9/UK men's shoe size 8)*

je les voudrais: *I would like them*

en marron: *in brown*

un genre: *style, kind*

ce genre de chaussures:
this style of shoes

veuillez (irregular imperative of vouloir):
please (would you please)

Veuillez attendre.: *Please wait.*

une main: *a hand*

les mains: *the hands*

vide: *empty*

depuis: *for/since*

depuis longtemps: *for a long time*

rester: *to be left; to remain, to stay*

Il ne reste plus de chaussures:
There are no more shoes left

j'aurai: *I will have*

demain après-midi:
tomorrow afternoon

j'en aurai: *I will have some*

repasser: *to drop by again*

fermer: *to close*

dix-huit heures trente:
half past six

revenir: *to come back*

je reviendrai: *I will come back*

devoir: *to ought to, to have to*

je dois aussi acheter:
I must also buy

vous devez descendre:
you must go down

au rez-de-chaussée: *on the ground floor*

vous y trouverez...:
you will find...there

on y vend...: *they sell...there*

un vêtement:
a garment, an item of clothing

tous les vêtements:
all the clothes

pour hommes: *for men*

pour femmes/pour dames:
for women

une cravate: *a tie*

une chemise: *a shirt*

des chaussettes: *socks*

une paire de chaussettes:
a pair of socks

un pantalon:
a pair of pants (trousers)

un veston: *a jacket*

étranger m (étrangère f):
foreign/foreigner

un souvenir: *a souvenir*

oublier: *to forget*

n'oubliez pas de commander:
don't forget to order

commander: *to order*

je n'oublierai pas: *I won't forget*

en: *some/any*

s'il en reste: *if there is any left*

il n'en reste plus:
there's none left

je peux en trouver:
I can find some

il n'y en a pas:
there is none there

je dois en acheter:
I must buy some

C'est dommage !:
What a pity!

entendu: *agreed*

c'est entendu: *it's agreed*

également: *also, as well*

merci bien: *thanks a lot*

À demain:
See you tomorrow

juste derrière vous:
just behind you

Exercices / Exercises

Exercise A

RÉPONDEZ D'APRÈS LE DIALOGUE

Answer the questions using the Lesson 18 dialogue.

1. Est-ce que la vendeuse s'occupe du client ?

....

2. Ce client veut-il essayer un veston ?

....

3. Qu'est-ce qu'il veut essayer ?

....

4. Les chaussures que veut le client sont-elles sur une étagère ?

....

5. Se trouvent-elles à droite ou à gauche ?

....

6. La pointure neuf aux États-Unis, c'est la pointure quarante en France, n'est-ce pas ?

....

7. Est-ce qu'il reste des chaussures de pointure quarante en marron ?

....

8. La vendeuse a-t-elle trouvé les chaussures ?

....

9. Elle dit qu'elle va les commander ?

....

10. Est-ce qu'elle les aura plus tard ?

....

11. Quand les aura-t-elle ?

....

12. Alors le client a-t-il pu essayer les chaussures ?

....

13. Doit-il revenir demain matin ou demain après-midi ?

....

14. À quelle heure ferme ce magasin ?

....

15. Alors il ferme à six heures et demie du soir ?

....

16. Le client doit-il faire d'autres achats dans ce grand magasin ?

....

17. Doit-il acheter des cravates ou un pull ?

....

18. Pour cela, est-ce qu'il doit descendre au rez-de-chaussée ?

....

19. On y trouve également des chemises, des pantalons et des chaussettes, non ?

....

20. Est-ce qu'on vend des souvenirs de l'autre côté du magasin ?

....

21. Est-ce qu'on en vend aussi dans les aéroports ?

....

22. Ce monsieur doit-il acheter des souvenirs pour vous ?

....

23. Pour qui doit-il en acheter ?

....

24. Alors il n'a pas oublié ses amis ?

....

25. Pour descendre au rez-de-chaussée du magasin, le client va-t-il prendre l'ascenseur ou l'escalier mécanique ?

....

19. Celebrations

Lesson 19 introduces celebrations. You will look at the future tense some more, learn about the subjunctive mood and learn how to use the imperfect tense to talk about continuous events in the past. Take the time to absorb this information before continuing on to the final lesson.

  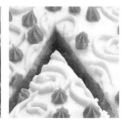 

UN DINER AVANT DE SE QUITTER
A DINNER BEFORE PARTING

Ce soir Albert et Nathalie sont en train de dîner ensemble. On dirait qu'ils ont faim : sur la table, il y a des hors-d'œuvres, du poisson, de la viande, des légumes, et de la salade. Et avant de manger, ils ont ouvert une bouteille de champagne, parce qu'aujourd'hui c'est l'anniversaire d'Albert.

Tonight Albert and Nathalie are having dinner together. It looks like they are hungry: on the table are appetizers, fish, meat, vegetables, and salad. And before eating, they opened a bottle of champagne, because today is Albert's birthday.

Nathalie:	Joyeux anniversaire, Albert !
	Happy birthday, Albert!
Albert:	Merci.
	Thank you.
Nathalie:	Et félicitations aussi !
	And congratulations to you as well!
Albert:	À moi ? Pourquoi ? Qu'est-ce que j'ai fait ?
	To me? Why? What have I done?

Nathalie:	Tu viens de décrocher ton permis de conduire !
	You just got your drivers' license.
Albert:	Merci. Mais parlons des vacances. Alors tu pars quelque part cet été ?
	Thank you. But let's talk about the vacation. So, you are going somewhere this summer?
Nathalie:	Moi, je retourne à Lyon pour quelques jours. Et après, si j'ai le temps, je passerai quelques jours en Suisse.
	I am going back to Lyon for a few days. And then, if I have the time, I will spend a few days in Switzerland.
Albert:	Moi, j'irai voir ma tante à Bordeaux. Et après, je descendrai sur la Côte d'Azur avec des amis. Nous ferons du sport et nous irons danser. L'année dernière, on allait danser presque tous les soirs ! Au fait, Nathalie, tu ne seras pas très loin. Viendras-tu nous voir sur la Côte d'Azur ?
	I will go see my aunt in Bordeaux. And then I'll go down to the French Riviera with some friends. We will do some sports and go dancing. Last year, we went dancing almost every evening. By the way, Nathalie, you won't be very far away. Will you come see us on the Riviera?
Nathalie:	J'aimerais bien, mais c'est impossible. Ce serait trop compliqué. D'abord, je n'ai pas de voiture. Et puis, j'aurai très peu de temps.
	I would like to, but it's impossible. It would be too complicated. First, I don't have a car. And also, I will have very little time.
Albert:	Si tu avais une voiture, tu pourrais y aller ? Si tu veux, je te prête la mienne. Je sais que tu es prudente.
	If you had a car, could you go? If you want, I'll lend you mine. I know you're careful.
Nathalie:	Je te remercie. C'est très gentil de ta part. Mais je ne peux pas accepter. J'ai seulement quelques jours de vacances. Je dois être de retour à Paris le 12 juillet, pour m'occuper de mon nouveau studio. Et toi, tu as trouvé un appartement ?
	Thank you. It's very kind of you. But I can't accept. I only have a few days off. I have to be back in Paris on July 12th, to sort out my new studio. What about you? Did you find a new apartment?
Albert:	Oui. Après avoir cherché pendant des mois, j'ai enfin trouvé un appartement. Deux pièces, cuisine, salle de bains. Petit mais très mignon. Avec des fenêtres partout ! Et pas loin de la banque où je travaille.
	Yes. After having looked for months, I finally found one. Two rooms, plus kitchen and bathroom. Small, but very cute. With windows everywhere! And not far from the bank where I work.
Nathalie:	Félicitations, Albert ! Il faut que tu me fasses visiter ton nouvel appartement.

Congratulations, Albert! You've got to give me a tour of your new apartment.

Albert: Mais avec plaisir ! Je t'inviterai… quand je serai installé.
With pleasure! I will invite you…when I am settled in.

Nathalie: En attendant, voilà le gâteau d'anniversaire !
Attention, Albert ! Tu dois éteindre toutes les bougies !
In the meantime, here comes the birthday cake! Careful, Albert! You must blow out all the candles!

Albert: Je vais essayer. Un, deux, trois… Ouf !
I'm going to try. One, two, three…Phew!

Nathalie: Bravo ! Joyeux anniversaire !
Bravo! Happy birthday!

Grammaire / Grammar

1. AVOIR FAIM/AVOIR SOIF / TO BE HUNGRY/TO BE THIRSTY

avoir faim
(ahvwahr fehN)
to be hungry

avoir soif
(ahvwahr swahf)
to be thirsty

We have already seen (Lesson 14) that French sometimes uses the verb avoir (to have) where English uses "to be" (être).

Examples:

J'ai vingt-cinq ans. Quel âge avez-vous ?
I am twenty-five. How old are you?

Tu as raison ! Abou a tort.
You are right! Abou is wrong.

Here are other cases:

Ils ont faim, et ils veulent manger.
They are hungry, and they want to eat.

Nous avons soif et nous voulons boire.
We are thirsty, and we want to drink.

avoir chaud
to be warm/hot

avoir froid
to be cold

J'ai chaud. En été, il fait chaud.
I am warm. In the summer, it's hot.

Avez-vous eu froid ? (with avoir in the passé composé)
Were you cold?

Nous allons avoir froid. (with avoir in the near future)
We are going to be cold.

avoir peur
to be afraid/scared

avoir peur de…
to be afraid of…

Reste avec moi, j'ai peur !
Stay with me, I am scared!

Pourquoi est-ce que vous avez peur de lui ?
Why are you afraid of him?

2. AVANT DE + INFINITIF, APRÈS AVOIR/ÊTRE + PARTICIPE PASSE / BEFORE/AFTER DOING SOMETHING

avant de + infinitif
before doing something

Avant de manger, ils ouvrent une bouteille de champagne.
Before eating, they open a bottle of champagne.

Avant de partir, nous avons dit au revoir à nos amis.
Before leaving, we said goodbye to our friends.

Je vais acheter mon billet avant de prendre le train.
I will buy my ticket before taking the train.

The opposite of avant de + infinitif is:

après avoir + participe passé
after having done something/after doing something

Après avoir cherché un appartement, j'ai trouvé celui-ci.
After having looked for an apartment, I found this one.

Après avoir servi le champagne, ils ont bu.
After serving the champagne, they drank.

If the verb takes the auxiliary verb être instead of avoir (see list in Lesson 13), this becomes:

après être + participe passé

Après être sortie, elle a pris un taxi. (sortir takes être)
After having left, she took a cab.

Nous avons fait la cuisine après être allés au supermarché. (aller takes être)
We cooked after going to the supermarket.

Note that in the last two examples using the auxiliary être, the past participle agrees in gender and number with the subject.

3. LE FUTUR (SUITE) / THE FUTURE TENSE (CONTINUED)

Albert descendra sur la Côte d'Azur.
Albert will go down to the French Riviera.

Je passerai quelques jours dans les Pyrénées.
I shall spend a few days in the Pyrenees.

Est-ce que tu nous <u>inviteras</u> ? Oui, je vous <u>inviterai.</u>
Will you invite us? Yes, I will invite you.

Le chien et le chat <u>resteront</u> ici.
The dog and the cat will stay here.

Nathalie <u>reviendra</u> à Paris le 12 juillet.
Nathalie will come back to Paris on July 12th.

The second example above shows an irregular future (reviendra, for the infinitive revenir). Here are other irregular futures:

aller	
j'irai	nous irons
tu iras	vous irez
il ira	ils iront

J'irai voir ma famille à Lyon.
I will go see my family in Lyon.

Nous irons danser tous les soirs.
We will go dancing every evening.

faire	
je ferai	nous ferons
tu feras	vous ferez
il fera	ils feront

Nous ferons du sport.
We will do/We will practice sports.

avoir	
j'aurai	nous aurons
tu auras	vous aurez
il aura	ils auront

J'aurai peu de temps pour voyager.
I will have little time to travel.

Albert aura enfin son appartement !
Albert will finally have his apartment!

être

je serai	nous serons
tu seras	vous serez
il sera	ils seront

Est-ce que tu seras à Paris le 14 juillet ?
Will you be in Paris on the 14th of July?
Nous serons heureux.
We will be happy.

4. QUAND/DÈS QUE (AU FUTUR) / WHEN/AS SOON AS (IN THE FUTURE)

To use quand or dès que with an idea of future, two futures are needed in French (in the following example, invitera and sera):

Albert invitera ses amis quand il sera installé.
Albert will invite his friends when he is settled.

This is different from English, where the other verb often stays in the present.

Examples:

Je visiterai la tour Eiffel dès que j'arriverai à Paris.
I will visit the Eiffel Tower as soon as I arrive in Paris.

Quand nous aurons notre billet, nous partirons.
When we have our ticket, we shall leave.

5. L'IMPARFAIT / THE IMPERFECT

A) Un autre temps du passé: l'imparfait
   Another past tense: the imperfect

The past tense that we have used so far is the passé composé. But there is another past tense in French. It is called the imparfait (imperfect).

To form the imperfect of a verb, do the following:

– take the nous person of the verb in the present tense
(Example for the verb boire: nous buvons)

– delete its ons ending and keep the stem (for boire, keep buv)

– replace it with the following endings:

je	-ais *(eh)*
tu	-ais *(eh)*
il/elle	-ait *(eh)*
nous	-ions *(eeyohN)*
vous	-iez *(eeyay)*
ils/elles	-aient *(eh)*

Examples:

Avant, je buvais du café. Maintenant, je bois du thé.
Before, I used to drink coffee. Now, I drink tea.

Quand j'avais dix ans, je m'amusais beaucoup.
When I was ten, I had a lot of fun.

One exception:

All verbs in French (even the irregular ones) follow the same conjugation pattern in the imperfect except the verb être:

être			
j'étais	*(ay-teh)*	nous étions	*(ay-teeyohN)*
tu étais	*(ay-teh)*	vous étiez	*(ay-teeyay)*
il était	*(ay-teh)*	ils étaient	*(ay-teh)*

Avec mes amis, j'étais toujours heureux !
With my friends, I used to be/I was always happy!

Imparfait ou passé composé ?

B) The passé composé is generally used to talk about specific events or actions in the past.

Examples:

Hier, nous sommes arrivés à huit heures.
(à huit heures, specifically)
Yesterday, we arrived at eight o'clock.

Ce matin, j'ai travaillé pendant 3 heures.
This morning, I worked for 3 hours.

The imparfait is used for actions repeated in the past (often expressed by "used to..." in English) or continuous actions progressing in the past (often expressed by "was/were... -ing" in English), as well as for descriptions in the past. The imparfait is used to describe continuous, repeated or habitual actions or situations in the past. It has four equivalents in English:

Je travaillais	I worked I was working I used to work I would work

Examples:

L'année dernière nous sortions tous les soirs. (tous les soirs, repeatedly)
Last year we used to go out every evening.

Avant de trouver un appartement, Nathalie habitait avec ses parents. (description)
Before finding an apartment, Nathalie was living with her parents.

C) When describing a scene (background: what was happening...) before describing an event/or events which occurred, both imparfait and passé composé appear in the same sentence.

Hier, quand je suis arrivé à la maison, mon ami lisait le journal.
(je suis arrivé = sudden action, specific time, passé composé)
(lisait = progressing action, or description, imparfait of lire.)
Yesterday, when I arrived home, my friend was reading the newspaper.

Je regardais la télé quand le téléphone a sonné.
I was watching TV (what was going on) when the phone rang (what happened).

Il a plu quand je suis sorti de la maison.	It rained when I left the house. = It started to rain when I left the house. (single event)
pleuvoir: passé composé sortir: passé composé	"I left" describes a single event.

Il pleuvait quand je suis sorti de la maison.	It was raining when I left the house. = It was already raining before I left the house.
pleuvoir: imparfait sortir: passé composé	"I left" describes a single event.

D) Past habitual action/Past single action:

Examples:
Quand j'avais douze ans, je regardais beaucoup la télé.
When I was 10, I watched (I used to watch/I would watch) TV a lot. (imparfait: habitual action)

Quand j'ai eu 10 ans, j'ai reçu beaucoup de cadeaux d'anniversaire.
When I turned 10, I received a lot of birthday presents.
(passé composé: single event)

E) To tell a story in the past:

When telling a story in the past, the imparfait would be used to set up a scene (to describe how things were or used to be) before the text would switch to the passé composé to convey what happened suddenly.

Example:

Ce jour-là, il faisait beau. Les oiseaux chantaient et les enfants jouaient dehors. Le père regardait la télévision et la mère lisait un livre. Soudain, un des enfants a crié. Les parents sont sortis de la maison pour voir ce qui se passait.
That day, the weather was beautiful. The birds were singing and the children were playing outside. The father was watching TV and the mother was reading a book. Suddenly, one of the children screamed. The parents came out of the house to see what was happening.

6. LE CONDITIONNEL / THE CONDITIONAL TENSE

Le conditionnel
The conditional (I would speak, we would go, they would eat...)

This tense is formed by combining the infinitive with the imperfect
(the r of the last syllable of the infinitive, with the endings of the imperfect).
Here are three regular verbs (one of each type: -er, -ir, -re) conjugated in the conditional:

	rester	choisir	répondre
je	resterais	choisirais	répondrais
tu	resterais	choisirais	répondrais
il/elle	resterait	choisirait	répondrait
nous	resterions	choisirions	répondrions
vous	resteriez	choisiriez	répondriez
ils/elles	resteraient	choisiraient	répondraient

There are also some irregular verbs. These use the same irregular stem as used for the future tense:

	le futur	le conditionnel
avoir	j'aurai	j'aurais
être	je serai	je serais
faire	je ferai	je ferais
aller	j'irai	j'irais
venir	je viendrai	je viendrais

Examples:

J'aimerais bien, mais c'est impossible.
I would like to, but it's impossible.

Je ne pourrais pas.
I would not be able to.

Je voudrais de l'eau, s'il vous plaît.
I would like some water, please.

Est-ce que vous pourriez m'indiquer le chemin ?
Could you show me the way?

Sans voiture, ce serait trop compliqué !
Without a car, it would be too complicated!

On dirait que ces gens ont faim.
It looks like these people are hungry. (It would seem that these people…)
(Lit: One would say…)

7. LES PHRASES AVEC "SI" / CLAUSES WITH "IF"

The two most frequent types of si clauses are:

1. si + present, future (or present or imperative)

Si j'ai le temps, je passerai quelques jours dans les Pyrénées.
(present)   (future)
If I have the time, I will spend a few days in the Pyrenees.

Si vous voulez, je vous prête ma voiture.
(present)   (present)
If you want, I will lend you my car.

Si tu peux, viens avec nous !
(present)   (imperative)
If you can, come with us!

Téléphonez à mes amis, si vous êtes à Paris.
(imperative)   (present)
Call my friends, if you are in Paris.

2. si + imperfect, conditional

Si vous aviez une voiture, vous pourriez aller à Cannes.
(imperfect)   (conditional)
If you had a car, you could go to Cannes.

Si Nathalie habitait à Nice, ce ne serait pas compliqué.
(imperfect)   (conditional)
If Nathalie lived in Nice, it wouldn't be complicated.

Je ne partirais pas si je n'avais pas d'argent.
(conditional)   (imperfect)
I would not leave if I didn't have the money.

8. LE SUBJONCTIF / THE SUBJUNCTIVE MOOD

Here are three regular verbs (-er, -ir, -re) in the subjunctive mood. The subjunctive is preceded by que because it always follows a construction using que. For most verbs, the stem for the forms of the subjunctive is found by dropping the –ent of the third person plural (ils/elles) form of the present and by adding the subjunctive ending: -e, -es, -e, -ions, -iez and –ent.

passer

que je passe	que nous	passions
que tu passes	que vous	passiez
qu'il passe	qu'ils	passent

finir

que je finisse	que nous	finissions
que tu finisses	que vous	finissiez
qu'il finisse	qu'ils	finissent

attendre

que j'attende	que nous	attendions
que tu attendes	que vous	attendiez
qu'il attende	qu'ils	attendent

Irregular forms:

connaître	que je connaisse
dire	que je dise
lire	que je lise
écrire	que j'écrive
mettre	que je mette
partir	que je parte
sortir	que je sorte
servir	que je serve
faire	que je fasse
avoir	que j'aie
être	que je sois
aller	que j'aille
prendre	que je prenne
vouloir	que je veuille

Use of the subjunctive:

1. After impersonal expressions

il faut que
il est possible que
il est important que
c'est bien que

Il faut que vous <u>fassiez</u> les exercices.
It is necessary that you do the exercises.

Il faut que vous nous <u>fassiez</u> visiter votre appartement.
You've got to get us to visit your apartment.

2. After certain verbs expressing wishes or emotions

vouloir que
aimer que

Je veux que vous <u>fassiez</u> les exercices.
I want you to do the exercises.

Tu n'aimes pas que je <u>fasse</u> la cuisine ?
You don't like me doing the cooking?

3. vouloir/vouloir que

When there is only one subject, use vouloir + infinitive:
<u>Je</u> veux partir.
I want to leave.

<u>Elle</u> veut rester.
She wants to stay.

When there are two different subjects, use vouloir que + second subject + subjunctive:

<u>Je</u> veux que <u>vous</u> partiez.
I want you to leave.

<u>Elle</u> veut que <u>je</u> reste.
She wants me to stay.

Vocabulaire / Vocabulary

un dîner: *a dinner*
dîner: *to have dinner*
en train de dîner: *having dinner*
se quitter: *to leave one another*
avant de se quitter:
before leaving one another
avant de quitter la ville:
before leaving the city
avant de manger: *before eating*
après: *after, afterwards*
après avoir cherché:
after looking, after having looked
on dirait: *you'd say*
on dirait que: *it looks like*
avoir faim: *to be hungry*
ils ont faim: *they're hungry*
avoir soif: *to be thirsty*
sur la table: *on the table*
des hors-d'œuvres: *appetizers*
le poisson: *fish*
la viande: *meat*
les légumes: *vegetables*
ouvrir: *to open*
une bouteille de champagne:
a bottle of champagne
un anniversaire: *a birthday*
Joyeux anniversaire !:
Happy birthday!
des félicitations: *congratulations*
Félicitations !:
Congratulations! (expression)
féliciter: *to congratulate*
le permis de conduire: *driver's license*
décrocher son permis de conduire:
to get one's driver's license
(to have passed the driver's license exam)

quelque part: *somewhere*
cet été: *this summer*
retourner: *to go back*
être de retour: *to be back*
ma tante: *my aunt*
avoir le temps: *to have the time*
si j'ai le temps: *if I have the time*
passer: *to pass/to spend*
je passerai: *I will pass/I will spend*
la Suisse: *Switzerland*
la Côte d'Azur: *the French Riviera*
aller voir: *to go and see*
j'irai voir: *I will go see*
le sport: *sport*
faire du sport: *to do sports*
danser: *to dance*
chanter: *to sing*
l'année dernière: *last year*
on allait: *we used to go*
tous les soirs: *every evening*
tu pourrais y aller: *you could go there*
j'aimerais bien: *I would like*
ce serait: *this would be*
si tu veux: *if you want to, if you like*
prêter: *to lend*
prudent m/prudente f: *careful*
mignon m/mignonne f: *cute*
impossible: *impossible*
compliqué m/compliquée f: *complicated*
c'est gentil de ta part: *it's kind of you*
remercier: *to thank*
je te remercie: *I thank you*
accepter: *to accept*
pendant des mois: *during months*

enfin: *finally / at last*

le 12 juillet: *July 12th*

s'occuper de quelque chose:
to deal with/to take care of something

un nouvel appartement: *a new apartment*

une pièce: *a room; a coin (money)*

la salle de bains: *the bathroom*

une fenêtre: *a window*

une porte: *a door*

inviter: *to invite*

il faut que: *it is necessary that*

installé *m*/**installée** *f: settled*

en attendant:
meanwhile/in the meantime

un gâteau: *a cake/a pastry*

un gâteau d'anniversaire:
a birthday cake

éteindre:
to blow out/to turn off (radio, TV, etc.)

allumer: *to light/to turn on (radio, TV, etc.)*

une bougie: *a candle*

toutes les bougies: *all the candles*

Pourquoi ça ?: *Why's that?*

parce que: *because*

plutôt: *rather*

chez des amis:
with some friends [at some friends' house]

ensemble: *together*

partout: *everywhere/all over*

au fait: *by the way*

d'abord: *first of all*

soudain: *suddenly*

ce soir: *this evening*

ce matin: *this morning*

cet après-midi: *this afternoon*

avec plaisir: *with pleasure*

Attention !: *Watch out!*

les autres: *the others*

Exercices / Exercises

Exercise A

RÉPONDEZ D'APRÈS LE DIALOGUE

Answer the questions using the Lesson 19 dialogue.

1. Qui est en train de dîner ?

....

2. Ont-ils faim ?

....

3. Qu'est-ce qu'il y a sur la table ?

....

4. Qu'est-ce qu'ils ont bu ?

....

5. Savez-vous qui a ouvert la bouteille ?

....

6. Aujourd'hui, est-ce votre anniversaire ?

....

7. C'est l'anniversaire de qui ?

....

8. Pourquoi Nathalie félicite-t-elle Albert ?

....

9. Albert préfère-t-il parler du travail ou des vacances ?

....

10. Que va faire Nathalie pour les vacances ?

....

11. Albert ira-t-il d'abord à Bordeaux ou sur la Côte d'Azur ?

....

12. Albert aime-t-il le sport ?

....

13. Est-ce qu'il aime aussi danser ?

....

14. Est-ce que Nathalie ira-t-elle voir Albert sur la Côte d'Azur ?

....

15. Est-ce qu'elle aimerait y aller ?

....

16. Pourquoi ne pourra-t-elle pas y aller ?

....

17. Si elle avait une voiture, pourrait-elle peut-être y aller ?

....

18. Qui veut prêter une voiture à Nathalie ?

....

19. Est-ce que c'est gentil de la part d'Albert ?

....

20. Il sait que Nathalie est prudente, vous êtes d'accord ?

....

21. Est-ce que la jeune fille accepte ?

....

22. Quand doit-elle être de retour à Paris ?

....

23. Est-ce qu'Albert a trouvé un appartement ?

....

24. L'appartement a-t-il beaucoup de fenêtres ?

....

25. Est-il près ou loin de la banque où travaille Albert ?

....

26. Qui voudrait aussi visiter l'appartement d'Albert ?

....

27. Quand Albert pourra-t-il inviter Nathalie ?

....

28. Est-ce qu'il y a un gâteau d'anniversaire pour Albert ?

....

29. Est-ce qu'Albert doit allumer les bougies ?

....

30. Que doit-il faire ?

....

31. En général, est-ce qu'on doit éteindre la télé avant de se coucher ?

....

20. Review: Lessons 17-19

Well done, you have reached the end of the course! This review section is a revision of the last few chapters. Take the time to listen to the audio dialogues again and see how far you have come. The language should flow more naturally now, with easy comprehension and a solid foundation in grammar and vocabulary. Bonne continuation !

RÉÉCOUTEZ ET RÉPÉTEZ À HAUTE VOIX LES DIALOGUES 17 À 19.
LISTEN AGAIN AND REPEAT OUT LOUD DIALOGUES 17 THROUGH 19.

DIALOGUE 17: À QUELLE HEURE VOUS LEVEZ-VOUS ?

Abou a de la famille à la campagne. Une de ses cousines, qui s'appelle Awa, vient de temps en temps à Paris. Elle vient passer quelques jours de vacances chez Abou. Les deux jeunes gens, qui ont le même âge, sortent souvent ensemble pour s'amuser dans la capitale.

Awa:	Je trouve que les gens se lèvent tard à Paris !
Abou:	Ceux qui sont en vacances, comme nous, oui. Chez toi, à la campagne, à quelle heure te lèves-tu ?
Awa:	Oh, beaucoup plus tôt. Là-bas, je me lève à six heures du matin. Je me lave, je me brosse les dents et je m'habille avant le lever du soleil !

Abou:	C'est probablement parce que tu te couches tôt.
Awa:	Tu as raison. Je ne me couche jamais après dix heures du soir.
Abou:	Nous, les Parisiens, on se couche beaucoup plus tard que ça.
Awa:	C'est normal. Il y a tant de choses à faire ici. Là-bas, au contraire, il n'y a rien pour les jeunes. Moi, je lis et je regarde la télé. Chez nous, quelquefois, on joue aux cartes. Voilà, c'est tout ! Alors bien sûr, je m'ennuie… et je me couche tôt.
Abou:	C'est pour ça que je n'aime pas la campagne. C'est trop tranquille. Ça me semble monotone.
Awa:	Tu peux le dire ! Mes parents se sont habitués à ce mode de vie. Ils disent qu'à la campagne, on se repose. Mais moi, la campagne, ce n'est pas vraiment mon truc.
Abou:	Je suis d'accord avec toi ! Je suis trop jeune pour me reposer. Tu sais, Awa, tu peux venir habiter chez nous quand tu veux. Mes parents t'aiment beaucoup. Notre maison est la tienne.
Awa:	Merci, Abou. Mais je préfère venir ici en vacances, pour m'amuser.
Abou:	Je te comprends ! Alors, qu'est-ce qu'on va faire ce soir ?
Awa:	Eh bien, je viens d'acheter Pariscope. Voyons s'il y a quelque chose qui nous plaît.

DIALOGUE 18: QUELQUES ACHATS DANS UN GRAND MAGASIN

la vendeuse:	On s'occupe de vous, monsieur ?
le client:	Je voudrais essayer des chaussures.
la vendeuse:	Bien, monsieur. Lesquelles ?
le client:	Celles qui sont à droite, là-bas, sur l'étagère.
la vendeuse:	Bien. Quelle est votre pointure ?

le client:	Quarante. Je les voudrais en marron, s'il vous plaît.
la vendeuse:	En marron, du quarante… Je ne sais pas s'il en reste. Veuillez attendre une minute. Je vais voir.

Quelques minutes plus tard, la vendeuse revient, les mains vides.

la vendeuse:	Je suis désolée, monsieur. Il ne reste plus de quarante en marron.
le client:	Oh, c'est dommage ! Je cherche ce genre de chaussures depuis longtemps. Et maintenant que je les trouve, il n'en reste plus.
la vendeuse:	Mais j'en aurai demain. Pourriez-vous repasser demain après-midi ?
le client:	Demain, hum… À quelle heure fermez-vous ?
la vendeuse:	Nous fermons à dix-huit heures trente, monsieur.
le client:	Bon, c'est entendu. Je reviendrai demain. Je dois aussi acheter des cravates. Où est-ce que je peux en trouver ?
la vendeuse:	Il n'y en a pas à cet étage. Vous devez descendre au rez-de-chaussée. Vous y trouverez tous les vêtements pour homme : cravates, chemises, chaussettes, pantalons, vestons, etc.
le client:	Est-ce qu'on vend aussi des souvenirs de Paris ? Je dois en acheter pour des amis étrangers.
la vendeuse:	Oui, monsieur. Les souvenirs sont également au rez-de-chaussée, mais de l'autre côté du magasin.
le client:	Je vois. Par où est-ce qu'on descend ?
la vendeuse:	Par là. Il y a un escalier mécanique juste derrière vous.
le client:	Merci bien. Alors à demain. N'oubliez pas de commander mes chaussures – du quarante, en marron.
la vendeuse:	Je n'oublierai pas, monsieur. À demain.

DIALOGUE 19: UN DÎNER AVANT DE SE QUITTER

Ce soir Albert et Nathalie sont en train de dîner ensemble. On dirait qu'ils ont faim : sur la table, il y a des hors-d'œuvres, du poisson, de la viande, des légumes, et de la salade. Et avant de manger, ils ont ouvert une bouteille de champagne, parce qu'aujourd'hui c'est l'anniversaire d'Albert.

Nathalie:	Joyeux anniversaire, Albert !
Albert:	Merci.
Nathalie:	Et félicitations aussi !
Albert:	À moi ? Pourquoi ? Qu'est-ce que j'ai fait ?
Nathalie:	Tu viens de décrocher ton permis de conduire !
Albert:	Merci. Mais parlons des vacances. Alors tu pars quelque part cet été ?
Nathalie:	Moi, je retourne à Lyon pour quelques jours. Et après, si j'ai le temps, je passerai quelques jours en Suisse.
Albert:	Moi, j'irai voir ma tante à Bordeaux. Et après, je descendrai sur la Côte d'Azur avec des amis. Nous ferons du sport et nous irons danser. L'année dernière, on allait danser presque tous les soirs ! Au fait, Nathalie, tu ne seras pas très loin. Viendras-tu nous voir sur la Côte d'Azur ?
Nathalie:	J'aimerais bien, mais c'est impossible. Ce serait trop compliqué. D'abord, je n'ai pas de voiture. Et puis, j'aurai très peu de temps.
Albert:	Si tu avais une voiture, tu pourrais y aller ? Si tu veux, je te prête la mienne. Je sais que tu es prudente.
Nathalie:	Je te remercie. C'est très gentil de ta part. Mais je ne peux pas accepter. J'ai seulement quelques jours de vacances. Je dois être de retour à Paris le 12 juillet, pour m'occuper de mon nouveau studio. Et toi, tu as trouvé un appartement ?
Albert:	Oui. Après avoir cherché pendant des mois, j'ai enfin trouvé un appartement. Deux pièces, cuisine, salle de bains. Petit mais très mignon. Avec des fenêtres partout ! Et pas loin de la banque où je travaille.

Nathalie:	Félicitations, Albert ! Il faut que tu me fasses visiter ton nouvel appartement.
Albert:	Mais avec plaisir ! Je t'inviterai… quand je serai installé.
Nathalie:	En attendant, voilà le gâteau d'anniversaire ! Attention, Albert ! Tu dois éteindre toutes les bougies !
Albert:	Je vais essayer. Un, deux, trois… Ouf !
Nathalie:	Bravo ! Joyeux anniversaire !

Exercices / Exercises

Exercise A

CHOISISSEZ LE MOT APPROPRIÉ

Choose the appropriate word to complete the sentences.

Exemple: Awa vient à Paris de temps en temps.
(vacances/campagne/temps)

1. Nous avons .... quelques jours à la plage. (venus/passé/allés)

2. Abou et Awa ont le même .... (adresse/famille/âge)

3. Tu es arrivé tard. Moi, au contraire, je suis arrivé .... (tôt/tout/toujours)

4. Je me lave dans la .... (magasin/salle de bains/salle à manger)

5. Nous nous .... pour aller à l'Opéra. (couchons/ennuyons/ habillons)

6. Vous n'avez pas raison : vous avez .... ! (tort /rien/chaud)

7. Si tu as................................. , bois. (fait/soif/champagne)

8. Awa ne se couche .... tard. (jamais/rien/personne)

9. Abou n'a pas d'argent. C'est .... ! (dommage/non plus/ également)

10. Est-ce que tu aimes ce............................. de vie ? (mode/chose/jours)

11. Mes parents se sont .... à la campagne. (habités/habitués/ arrivés)

12. Quand je suis fatigué, je me .... (peigne/lève/repose)

13. M. Sorel est plus .... que Paul. (vieux/presque/aussi)

14. Quand partez-vous en............................. ? (Paris/vacances/attendant)

15. Quel journal .... -tu ? (lis/rases/restes)

16. Savez-vous .... aux cartes ? (manger/danser/jouer)

17. Je ne...........................pas très bien cette phrase. (comprends/deviens/ ouvre)

18. Ce voyage me .... un peu monotone. (cherche/semble/ferme)

19. Aimez-vous ma cravate ? Est-ce qu'elle vous.............................? (habille/ plaît/lit)

20. Le client a fait quelques.. (achats/chose/chaussures)

21. Les chaussures sont sur une...

(main/étagère/rez-de chaussée)

22. Vous désirez une voiture ? .... ? (Lequel/Lesquels/Laquelle)

23. Avant de traverser, il faut regarder à droite et à .... (devant/gauche/sous)

24. Nous allons ....

ce vêtement avant de l'acheter. (manger/ essayer/dire)

25. Vingt-deux heures, c'est dix heures... soir. (au/du/dans)

26. En France, quand on mange, il faut mettre les...

sur la table. (mains/pieds/chaussures)

27. Quand on a fini de boire, la bouteille est ....

(vide/ pointure/prudente)

28. À quelle heure ce magasin .... -t-il ? (ouvre/reste/repasse)

29. Il y a de l'argent à la banque. Il y...

a beaucoup ! (en/ quelques/celui)

30. Mettez-vous votre chemise avec une cravate ou...

cravate ? (pour/milieu/sans)

31. Est-ce qu'on met les chaussettes avant de mettre les chaussures ou ....

....? (derrière/après/devant)

32. .... où est-ce qu'on descend ? (Par/Que/Qui)

33. La vendeuse va...

un pantalon et un veston pour le client. (s'occuper/oublier/commander)

34. Vous êtes en ....

de répondre à mes questions. (loin/train/ progrès)

35. On sert les .... avant le poisson et la viande. (gâteaux/ additions/

hors-d'œuvres)

36. À qui a-t-on dit « .... anniversaire » ? (mauvais/joyeux/ félicitations)

37. Paul est .... l'ami de Nathalie. (devenu/quitté/fermé)

38. En été, tout le .... part en vacances ! (école/France/monde)

39. Albert aime-t-il faire du .... ? (cuisine/exercices/sport)

40. Quelquefois, les questions sont difficiles et les exercices sont ....

.... ! (souvent/jamais/compliqués)

41. Albert a voulu .... sa voiture à Nathalie. (prêter/trouver/ inviter)

42. Est-ce que la jeune fille a .... ? (parti/devenu/accepté)

43. Elle a répondu : « C'est gentil ; je te .... » (dois/remercie/ partout)

44. Nous avons regardé par la ....

de la cuisine. (fenêtre/ télévision/bougie)

45. Albert va s' ....

dans son nouvel appartement. (aller/ arriver/installer)

46. Albert doit ....

les bougies de son gâteau d'anniversaire. (essayer/éteindre/attendre)

47. Avez-vous .... la radio ce matin ? (allumé/visité/dansé)

48. Je téléphonerai à Nathalie ....

j'arriverai à Bordeaux. (quand/si/juste)

49. Si Abou et Awa avaient un million, ils ....

le tour du monde. (faire/feront/feraient)

50. Il faut que nous .... cet exercice ! (finirons/finissons/ finissions)

Exercise B

TRANSFORMEZ LES PHRASES SELON LES EXEMPLES

Complete sentences 1 to 5 using the avant de and après avoir construction in French.

Exemples: J'ai mangé. Et après, j'ai regardé la télé.

(a) Avant de regarder la télé, j'ai mangé.

(b) Après avoir mangé, j'ai regardé la télé.

Vous êtes sorti de l'appartement. Et après, vous avez pris la voiture.

(a) Avant de prendre la voiture, vous êtes sorti de l'appartement.

(b) Après être sorti de l'appartement, vous avez pris la voiture.

1.Nous avons ouvert la bouteille. Et après, nous avons bu.

....

....

2.Tu écris ton adresse. Et après, tu envoies la lettre !

....

....

3. On a attendu dix minutes. Et après, on a téléphoné.

....

....

4. Je descendrai au rez-de-chaussée. Et après, j'achèterai quelques souvenirs.

....

....

5. Les jeunes gens se sont habillés. Et après, ils sont sortis.

....

....

Exercise C

ÉCRIVEZ LES QUESTIONS

Write the questions that each sentence answers.

Exemple: Je suis italien.

De quelle nationalité êtes-vous ?

1. J'ai dix-neuf ans.

....

2. Aujourd'hui, il fait beau.

....

3. Ce magasin ferme à vingt heures trente.

....

4. Mon veston est gris.

....

5. Je suis en France depuis une semaine.

....

Exercise D

METTEZ LE VERBE AU TEMPS QUI CONVIENT : PRÉSENT, FUTUR, PASSÉ COMPOSÉ, IMPARFAIT, CONDITIONNEL OU SUBJONCTIF

Put the verbs in the appropriate tense:

présent, futur, passé composé, imparfait or subjonctif conditionnel

Exemples : Quand j'étais jeune, j'habitais avec mes parents. (habiter)

Maintenant nous dînons avec des amis. (dîner)

Il est important que vous passiez un mois à Paris. (passer)

Tu regardais la télévision quand je me suis rentré. (rentrer)

1. Demain vous partirez pour Bordeaux et Albert .... pour Lyon. (partir)

2. Je .... envoyer ce colis aujourd'hui. (devoir)

3. Hier à huit heures du soir, Paul .... à Nathalie. (téléphoner)

4. J'ai commencé à travailler à six heures et maintenant il est huit heures : je..............

.... depuis deux heures. (travailler)

5. L'année prochaine, tu iras à Monaco, et nous................................... à Cannes. (aller)

6. Quand ils étaient petits, Albert et ses amis ....

toujours du sport. (faire)

7. Maintenant vous... le dernier exercice de ce livre. (faire)

8. L'été prochain, je serai à Toulouse. Et vous ? Où.................................. -vous ? (être)

9. Avant je .... toujours du vin. Maintenant je bois de l'eau. (boire)

10. Je ne prends pas de poisson. Je n'en .... jamais ! (manger)

11. Il y a de la viande et des légumes. Qui en... ? (vouloir)

12. Aujourd'hui, tu vas à la plage. Avant tu .... à la campagne. (aller)

13. Si j'... des vacances, je voyagerai. (avoir)

14. Si vous .... fatigués, asseyez-vous à la terrasse d'un café. (être)

15. Le patron veut que sa secrétaire .... une lettre. (écrire)

16. L'été dernier, pour la fête du 14 juillet, nous .... dans la rue. (danser)

17. Si Nathalie avait le temps, elle .... sur la Côte d'Azur. (aller)

18. Je me rappelle bien ! Avant de trouver un appartement, Albert ....

.... avec ses parents. (être)

19. Mardi dernier, il .... un appartement. (trouver)

20. Si tu habitais à Paris, tu .... français. (parler)

21. Il est quatre heures dix. Nous .... l'autobus depuis dix minutes. (attendre)

22. Il faut que j .... un peu de sport. (faire)

23. J'ai mangé de la confiture. Et toi ? Est-ce que tu en ....

.... ? (manger)

24. Quel jour .... -nous aujourd'hui ? (être)

25. Nous ....de dîner et maintenant nous allons prendre un café. (venir)

26. Il y a du thé. Est-ce que vous en .... maintenant ? (vouloir)

27. Aimez-vous qu'on .... la cuisine pour vous ? (faire)

28. Hier, je .... quand j'ai fait l'exercice ! (se tromper)

29. En général, est-ce que les voyageurs........................ avoir un passeport ? (devoir)

30. C'est très bien ! C'est formidable ! Vous ....

.... de finir le dernier exercice ! (venir)

Answer Key

Lesson 1: Bonjour !

A. UN OU UNE ?

1.   une chaise
2.   un livre
3.   un bureau
4.   une clé
5.   une boîte
7.   une question
8.   un monsieur
9.   une réponse
10.   un Français de Paris

B. C'EST OU CE N'EST PAS ?

1.   Oui, c'est Paul !
2.   Non, ce n'est pas Sylvie !
3.   Oui, c'est Monsieur Sorel !
4.   Oui, c'est un professeur de français !
5.   Non, ce n'est pas Madame Sorel !

C. QU'EST-CE QUE C'EST ?

1.   a pen: un stylo
2.   a box: une boîte
3.   a gentleman: monsieur
4.   a book: un livre
5.   an answer: une réponse

LESSON 2: Introductions

A. S'IL VOUS PLAÎT, RÉPONDEZ !

1. Non, je ne suis pas de Paris.

2. Non, je ne suis pas de Genève.

3. Non, je ne suis pas français (ou française).

4. Non, je ne viens pas de Marseille.

5. Non, je ne travaille pas à Bordeaux.

6. Oui, j'étudie le français.

7. Non, je n'étudie pas le français dans une banque.

8. Je suis John Doe (par exemple) et je viens de New York (par exemple).

B. CHOISISSEZ L'ADJECTIF APPROPRIÉ

1. Mademoiselle Carmen est mexicaine.

2. Monsieur Giuseppe Rossi n'est pas anglais.

3. Est-ce que Madame Schmidt est allemande ?

4. Vous étudiez un livre de français.

5. Est-ce que le bureau de Monsieur Sorel est grand ?

6. Ce livre est petit.

7. La chaise de Paul aussi est petite.

8. Nathalie Caron n'est pas très grande.

LESSON 3: Getting Around

A. RÉPONDEZ D'APRÈS LE DIALOGUE DE LA LEÇON 3

1. Elle va à Bordeaux.

2. Non, elle ne part pas dans une semaine.

3. Elle part demain.

4. Elle part à trois heures.

5. Elle a une carte d'identité.

6. Oui, elle voyage avec une valise.

7. Non, la valise de Nathalie n'est pas petite.

8. Non, je ne pars pas en voyage avec Nathalie.

9. Oui, elle a un billet d'avion.

10. Il est dans le sac.

11. Non, pour aller à l'aéroport, Nathalie ne prend pas le métro.

12. Elle prend un taxi.

13. Elle revient de Bordeaux dans une semaine.

14. Oui, il est curieux.

15. Oui, je travaille bien, avec ce livre.

LESSON 4: Conversations

A. COMPTEZ DE UN À DIX (EN FRANÇAIS, BIEN SÛR !)

un – deux – trois – quatre – cinq – six – sept – huit – neuf – dix.

B. QUELLE HEURE EST-IL ?

(a)   il est dix heures moins le quart

(b)   il est sept heures et demie

(c)   il est une heure moins cinq

(d)   il est cinq heures vingt

(e)   il est neuf heures moins vingt-cinq

C. RÉPONDEZ D'APRÈS LE DIALOGUE

1.   Elle est chez elle.

2.   Elle téléphone à un ami.

3.   Oui, cet ami travaille dans un bureau.

4.   Oui, il a un calendrier.

5.   Il est sur le bureau.

6.   Non, Mme Sorel n'a pas rendez-vous avec moi.

7.   Oui, elle a rendez-vous avec des amis.

8.   Elle a rendez-vous vendredi soir.

9.   Oui, ils sont gentils.

10.   Oui, il y a une bonne pièce ce soir, à la Comédie-Française.

11.   Il est sur la rive gauche.

12.   Ils viennent à six heures et demie.

LESSON 5: Communications

A. COMPTEZ DE DIX À VINGT

dix – onze – douze – treize – quatorze – quinze – seize – dix-sept – dix-huit – dix-neuf – vingt.

B. ÉCRIVEZ !

25:      vingt-cinq

30:      trente

35:      trente-cinq

40:      quarante

53:      cinquante-trois

60:      soixante

64:      soixante-quatre

70:      soixante-dix

80:      quatre-vingts

100:        cent

122:        cent-vingt-deux

C. QUELS SONT LES SEPT JOURS DE LA SEMAINE ?

Répondez ! Ce sont :

lundi

mardi

mercredi

jeudi

vendredi

samedi

dimanche

D. RÉPONDEZ D'APRÈS LE DIALOGUE

1.   Oui, il est à l'heure.

2.   Oui, ils ont beaucoup de travail aujourd'hui.

3.   Il y a des lettres à envoyer.

4.   Il y a cent-vingt-cinq lettres.

5.   Non, il n'envoie pas ces lettres par la poste.

6.   Oui, il peut envoyer ces lettres par e-mail.

7.   L'employé commence à taper les lettres.

8.   Oui, il y a un ordinateur dans ce bureau.

9.   Oui, il y a une liste des clients.

10.   Non, je ne suis pas sur cette liste.

6: Review: Lessons 1-5

A. CHOISISSEZ L'ARTICLE APPROPRIÉ : LE, LA, L' OU LES ?

1.	la conversation	21.	les restaurants
2.	les banques	22.	la Comédie-Française
3.	l'école	23.	la rive gauche
4.	le billet	24.	le Quartier latin
5.	les présentations	25.	la soirée
6.	la maison	26.	le travail
7.	le manteau	27.	les patrons
8.	les jupes	28.	l'employé
9.	l'identité	29.	les lettres
10.	le métro	30.	l'ordinateur
11.	les taxis	31.	la liste
12.	l'heure	32.	les numéros
13.	le jour	33.	la chaise

14.	la nuit	34.	les leçons
15.	la femme	35.	le bureau
16.	l'ami	36.	les secrétaires
17.	l'amie	37.	le vocabulaire
18.	les amis	38.	le mot
19.	les amies	39.	les exercices
20.	le calendrier	40.	la prononciation

B. COMPLÉTEZ LES PHRASES

1. Nathalie ne voyage pas en train.
2. Les valises sont à l'aéroport.
3. À quelle heure partez-vous ?
4. Est-ce que j'appelle un taxi ?
5. Cet employé tape une lettre pour la directrice.
6. Les employés ont des ordinateurs.
7. Qui êtes-vous ?
8. Où travaillez-vous ?
9. S'il vous plaît, envoyez la lettre par email !
10. Où vas-tu Paul ?
11. Est-ce que tu viens au cinéma avec nous ?
12. Le film finit à 23h.
13. Nous ne sommes pas français.
14. Je peux faire cet exercice !
15. Est-ce que vous pouvez répondre à cette question ?
16. Avec ce livre, tu n'étudies pas l'anglais !
17. Ces garçons voyagent en train.
18. Nous partons à huit heures.
19. Tu n'es pas gentil, Paul !
20. Qu'est-ce que tu as dans cette valise ?

C. CHOISISSEZ LE MOT APPROPRIÉ

1. Il est japonais et elle est japonaise aussi.
2. De quelle nationalité êtes-vous ?
3. Nathalie Caron va à Bordeaux.
4. Ce monsieur n'a pas de carte d'identité.
5. Qui est ce petit garçon ?
6. Je voyage avec une grande valise.
7. Mon passeport est dans le sac.
8. Quelle est la réponse à cette question ?
9. Aujourd'hui, ce n'est pas jeudi.
10. Édouard et Robert sont très gentils.

11.   Il est six heures et demie.

12.   Qu'est-ce qu'il y a dans la boîte ?

13.   J'ai beaucoup de travail au bureau.

14.   Cette école, est-ce que c'est l'école de Paul ?

LESSON 7: Dining In & Out

A. RÉPONDEZ D'APRÈS LE DIALOGUE

1.   Ils sont assis à la terrasse d'un café.

2.   Il prend un café au lait et un croissant.

3.   Elle prend un thé au citron, une tartine de pain beurré, une brioche et de la confiture.

4.   Oui, il y a un cinéma dans le quartier où ils sont.

5.   Oui, Nathalie aime les films de François Ozon.

6.   Le film commence à quatorze heures trente.

7.   Oui, le marché aux puces est intéressant.

8.   Ils vont au marché aux puces, tout de suite après le petit déjeuner.

B. QUELLE HEURE EST-IL ?

1.   Il est dix-huit heures quarante-cinq ou sept heures moins le quart.

2.   Il est vingt-deux heures quinze ou dix heures et quart.

3.   Il est dix-sept heures vingt-cinq ou cinq heures vingt-cinq.

4.   Il est treize heures trente ou une heure et demie.

5.   Il est seize heures quarante-cinq ou cinq heures moins le quart.

C. COMPLÉTEZ AVEC L'ARTICLE PARTITIF DU OU DE LA

1.   Je voudrais du lait.

2.   Est-ce que vous avez du citron, s'il vous plaît ?

3.   Il y a de la confiture sur le pain.

4.   Le matin, nous prenons toujours du thé.

5.   Paul ne peut pas sortir parce qu'il a du travail.

D. COMPLÉTEZ LES PHRASES AVEC LE CONTRAIRE DES MOTS SOULIGNÉS

1.   L'étudiant n'est pas debout, il est assis.

2.   Nathalie ne prend jamais de café, elle prend toujours du thé.

3.   Ce n'est pas vrai, c'est faux !

4.   La pièce de théâtre commence à 20h et finit à 22h.

5.   Monsieur Sorel voyage peu, mais il travaille beaucoup.

6.   Le calendrier n'est pas sous le bureau, mais sur le bureau !

7.   Ce café est très mauvais ! Avez-vous du bon café ?

8.   La lettre B n'est pas avant la lettre A, mais après !

E. UTILISEZ LE PRONOM Y

1.   Nous allons à la banque = Nous y allons.

2.   Je ne vais pas à l'aéroport = Je n'y vais pas.

3.   Mme Sorel prend le petit déjeuner chez elle = Mme Sorel y prend le petit déjeuner.

4.   Sylvie travaille au bureau = Sylvie y travaille.

5.   Paul est à l'école = Paul y est.

LESSON 8: Reservations

A. RÉPONDEZ D'APRÈS LE DIALOGUE

1.   Aujourd'hui, M. Sorel est à Lyon.

2.   Il a une réservation pour une nuit.

3.   Il parle à la réceptionniste de l'hôtel.

4.   Oui, il remplit une fiche.

5.   Il a une valise.

6.   Non, il ne veut pas prendre de porteur.

7.   Non, elle n'est pas au rez-de-chaussée.

8.   Oui, il y a un ascenseur dans cet hôtel.

9.   Elle donne à M. Sorel la clé de la chambre.

10.   On sert le petit déjeuner dans la salle à manger du rez-de-chaussée.

11.   Oui, il veut donner un coup de téléphone de sa chambre.

12.   Dans cet hôtel, ils servent le petit déjeuner jusqu'à dix heures.

B. COMPLÉTEZ LES PHRASES AVEC L'ADJECTIF POSSESSIF APPROPRIÉ

1.   Tu as ton stylo et tes livres, Paul ?

2.   Mlle Caron a son sac et sa valise.

3.   Nous avons nos valises et notre taxi !

4.   Vous avez votre ordinateur et vos lettres à taper.

5.   Albert et Nathalie prennent leur petit déjeuner.

C. COMPLÉTEZ SELON L'EXEMPLE

1.   La leçon numéro 1 est la première leçon.

2.   La question numéro 7 est la septième question.

3.   Le dialogue numéro 1 est le premier dialogue.

4.   La réponse numéro 15 est la quinzième réponse.

5.   Le billet numéro 20 est le vingtième billet.

LESSON 9: The Post Office

A. RÉPONDEZ D'APRÈS LE DIALOGUE

1. Non, il ne veut pas de carte postale.
2. Oui, il veut des timbres.
3. Il veut envoyer deux lettres.
4. Il veut envoyer une lettre en Angleterre et une autre aux États-Unis.
5. Oui, elle va peser les lettres.
6. Il veut envoyer son colis à Montréal.
7. Par avion, ça met une semaine.
8. Quand il y a des jours fériés, ça met plus longtemps.
9. Avant d'envoyer le colis, il faut remplir une fiche.
10. Non, il ne faut pas écrire le numéro de téléphone de l'expéditeur.
11. Il faut écrire le nom et l'adresse de l'expéditeur et du destinataire.
12. En tout, il va payer vingt euros cinquante.

B. UTILISEZ LE PRONOM COMPLÉMENT D'OBJET DIRECT POUR LES MOTS SOULIGNÉS

1. Paul remplit la fiche = Paul la remplit.
2. Il écrit le nom du destinataire = Il l'écrit.
3. Nous mettons les colis à la poste = Nous les mettons à la poste.
4. Tu connais Valérie ? = Tu la connais ?
5. Je ne vois pas le nom de l'expéditeur = Je ne le vois pas.
6. Avez-vous les billets de théâtre ? = Les avez-vous ?
7. On ne sert pas ce client ! = On ne le sert pas !
8. Maintenant, vous lisez la phrase numéro 8 = Maintenant, vous la lisez.

C. COMPLÉTEZ SELON L'EXEMPLE

1. Ces timbres sont pour l'Europe, et ceux-là sont pour les États-Unis.
2. Cette secrétaire tape très vite, et celle-là aussi !
3. Ce stylo n'écrit pas, mais celui-là écrit très bien.
4. Ces employés sont français et ceux-là sont allemands.
5. Ce garçon dit toujours bonjour, mais celui-là ne le dit jamais !

LESSON 10: The Weather

RÉPONDEZ D'APRÈS LE DIALOGUE

1. Non, il ne part pas pour le weekend.
2. Oui, il a de la famille à la campagne.
3. Oui, il aime se promener à Paris.
4. Oui, il est bleu.
5. Oui, il y a du soleil.

6. Oui, il dit qu'il va se promener.
7. Oui, il aime le passe Navigo.
8. Non, avec le passe Navigo, on ne peut pas prendre de taxi.
9. Oui, le passe Navigo, c'est pour l'autobus et le métro.
10. Oui, il est pratique.
11. Non, généralement, il ne fait pas très froid en été à Paris.
12. Non, il ne fait pas trop chaud en hiver.
13. Il fait chaud en été.
14. Non, quand il fait très chaud, Paul ne met pas de pull.
15. Oui, je mets mon imperméable, quand il pleut.
16. Oui, Paul a beaucoup d'amis à Paris.
17. Oui, il va les voir.
18. Ils sont dans le Quartier latin.
19. Quand Paul est chez ses amis, il bavarde, il regarde la télé, il écoute de la musique ou il lit des magazines.
20. Non, quand Mme Sorel a des vacances, elle ne reste pas à Paris.
21. En hiver, Mme Sorel va à la montagne.
22. Non, elle n'y va pas en été.
23. En été, elle va à la plage.

LESSON 11: Making Plans

A. RÉPONDEZ D'APRÈS LE DIALOGUE

1. Elle parle à Albert.
2. Oui, il lui répond en français.
3. Oui, il a téléphoné à Catherine. (ou Oui, il lui a téléphoné.)
4. Il lui a donné ce coup de téléphone hier soir.
5. Non, elle ne va pas venir avec sa famille.
6. Catherine va venir chez Nathalie avec deux amis. (ou ... avec deux de ses amis.)
7. En tout, ils vont être cinq.
8. Catherine et ses amis vont apporter le fromage et le dessert.
9. Pour ce piquenique, Nathalie prépare une salade délicieuse.
10. Non, Albert ne sait pas faire la cuisine.
11. Il a acheté deux poulets rôtis.
12. Nathalie va les mettre dans le panier.
13. Il faut encore acheter le vin et le pain.
14. On l'achète à la boulangerie.
15. Elle est juste en face de l'immeuble.
16. Elle est un peu plus loin.
17. Oui, il sait où c'est.
18. Il va chercher le vin et le pain.

B. COMPLÉTEZ LES PHRASES AVEC LE PASSÉ COMPOSÉ DES VERBES

1. Hier, Paul a envoyé une carte postale.
2. Hier, j'ai étudié la leçon 10.
3. Hier, tu as fini l'exercice de la leçon 10.
4. Hier, vous avez téléphoné à vos amis.
5. Hier, les amis de Catherine ont acheté du fromage.
6. Est-ce que tu as écouté de la musique, hier soir ?
7. Hier, nous avons attendu l'autobus un quart d'heure.
8. Non, je n'ai pas regardé la télévision hier soir.

C. UTILISEZ LE PRONOM COMPLÉMENT D'OBJET INDIRECT

1. Nous donnons un magazine au professeur. = Nous lui donnons un magazine.
2. Tu as envoyé un colis à M. et Mme Sorel. = Tu leur as envoyé un colis.
3. Albert n'apporte pas le dessert à Nathalie. = Albert ne lui apporte pas le dessert.
4. Le garçon a servi le petit déjeuner à Albert et à Nathalie. = Le garçon leur a servi le petit déjeuner.
5. Répondez-vous tout de suite au patron ? = Lui répondez-vous tout de suite ?

12 Review: Lessons 7-11

A. CHOISISSEZ L'ARTICLE APPROPRIÉ: LE, LA, L' OU LES?

1.	la brioche	4.	le thé
2.	les tartines	5.	les films
3.	la confiture	6.	le marché aux puces
7.	la réservation	37.	le weekend
8.	les villes	38.	la campagne
9.	les bagages	39.	les saisons
10.	les porteurs	40.	l'année
11.	les étages	41.	le soleil
12.	l'ascenseur	42.	les nuages
13.	le coup de téléphone	43.	l'imperméable
14.	les chambres	44.	le pull
15.	la salle à manger	45.	le parapluie
16.	le rez-de-chaussée	46.	l'autobus
17.	le bureau de poste	47.	le bus
18.	la carte postale	48.	la télévision
19.	l'enveloppe	49.	les magazines
20.	l'Amérique	50.	les vacances
21.	les États-Unis	51.	l'hiver
22.	le colis (les colis)	52.	le printemps
23.	les jours fériés	53.	l'été
24.	la fiche	54.	l'automne

25.	l'adresse	55.	la montagne
26.	le timbre	56.	la plage
27.	le destinataire	57.	les fromages
28.	l'expéditeur	58.	le dessert
29.	les papiers	59.	le poulet rôti
30.	la ligne	60.	le panier
31.	le contenu	61.	la salade
32.	la valeur	62.	le vin
33.	les euros	63.	l'épicerie
34.	la boulangerie	64.	la charcuterie
35.	la petite monnaie	65.	l'immeuble
36.	le temps		

B. METTEZ LES VERBES AU PRÉSENT

1. Le garçon ne sert pas de champagne.
2. Quand il fait froid, je mets un pull.
3. Que lisez-vous ?
4. J'espère que vous pouvez lire cette phrase !
5. Nous attendons un taxi.
6. Paul et Robert remplissent des formulaires.
7. Vous payez le garçon ?
8. Je ne connais pas ce monsieur.
9. Est-ce que vous pesez les lettres à la poste ?
10. Paul indique la valeur de son colis.
11. Qu'est-ce que vous dites ?
12. Combien ça fait ?
13. Je vois mes amis le dimanche.
14. Est-ce que vous restez en ville ce weekend ?
15. Catherine et Michel arrivent à dix heures.
16. Qu'est-ce que tu fais ?
17. Vous venez avec nous à la campagne ?
18. Nous préférons la plage !
19. On passe l'après-midi ensemble.
20. Nous bavardons pendant le petit déjeuner.
21. Tu me donnes ton livre ?
22. Je vous apporte du fromage.
23. Nathalie nous prépare une salade délicieuse !
24. Paul leur envoie une carte postale.
25. Ces étudiants vous téléphonent-ils le dimanche ?

C. CHOISISSEZ LE PRONOM APPROPRIÉ

1. J'appelle le taxi. = Je l'appelle.

2. Vous commencez l'exercice. = Vous le commencez.

3. Albert va à la charcuterie. = Albert y va.

4. Paul envoie une lettre à ses amis. = Paul leur envoie une lettre.

5. Nous n'avons pas fini ce livre. = Nous ne l'avons pas fini.

6. As-tu téléphoné aux clients, hier ? = Leur as-tu téléphoné, hier ?

7. Les deux poulets sont dans le panier. = Les deux poulets y sont.

8. Hier, est-ce qu'on a apporté une lettre à ce monsieur ? = Hier, est-ce qu'on lui a apporté une lettre ?

9. Demain, je vais dire bonjour à Paul. = Demain, je vais lui dire bonjour.

10. Demain, je vais voir M. et Mme Sorel. = Demain, je vais les voir.

D. RÉPONDEZ AU FUTUR PROCHE

1. Non, je vais parler à la secrétaire demain. (ou Non, je vais lui parler demain.)

2. Non, le garçon de café va servir le petit déjeuner demain. (ou Non, il va le servir demain.)

3. Non, je vais attendre Catherine demain. (ou Non, je vais l'attendre demain.)

   Non, nous allons attendre Catherine demain. (ou Non, nous allons l'attendre demain.)

4. Non, je vais payer les timbres demain. (ou Non, je vais les payer demain.)

5. Non, ils vont répondre demain.

LESSON 13: Directions

A. RÉPONDEZ D'APRÈS LE DIALOGUE

1. Elle veut aller au musée du Louvre.

2. Elle a parlé à un agent de la circulation.

3. Elle est à pied.

4. Non, le Louvre ne se trouve pas loin de la place de l'Opéra.

5. Oui, il y a un jardin en face du musée.

6. Elle se trouve au milieu de l'esplanade du Carousel.

7. Oui, elle y va.

8. Oui, on vend des billets à l'entrée du musée.

B. COMPLÉTEZ LES PHRASES AVEC LE PASSÉ COMPOSÉ DES VERBES

1. Est-ce que vous avez été content de visiter le musée ?

2. Je suis resté(e) deux semaines à Paris.

3. Hier, j'ai fait la cuisine pour mes amis.

4. Nous avons pris un taxi pour visiter Paris.

5. Où êtes-vous allé(e)(s) ?

6. Tu as mis ton nom sur l'enveloppe ?

7. Qu'est-ce que vous avez dit ?

8. Nous sommes arrivé(e)s à dix heures.

9.   La touriste a lu une brochure sur le Louvre.

10.   Est-ce que vous avez pu prendre l'avion ?

C. CHOISISSEZ QUI OU QUE

1.   L'employé qui travaille dans ce bureau s'appelle Martin.

2.   Où se trouve le musée que vous avez visité ?

3.   Nous savons que la pyramide est à l'entrée du musée.

4.   Je ne connais pas la réceptionniste qui a répondu.

5.   On a pris le premier taxi qui est arrivé !

D. METTEZ LES VERBES À L'IMPÉRATIF

1.   Vous et moi, allons faire une promenade !

2.   S'il vous plaît, M. Sorel, continuez votre travail !

3.   Toi et moi, prenons les billets !

4.   Abou et Jacques, ne traversez pas la rue !

5.   Si vous voulez, vous et moi, descendons en ascenseur !

LESSON 14: The Family

A. RÉPONDEZ D'APRÈS LE DIALOGUE

1.   Non, il n'est pas allé chez moi.

2.   Il est allé chez Mme Sorel.

3.   Elle est en train de servir du café.

4.   Non, ils ne boivent pas de champagne.

5.   Il prend son café sans sucre.

6.   Non, elle ne boit pas de café.

7.   Elle préfère le thé.

8.   L'oncle de Mme Sorel habite à Pau.

9.   La sœur de Mme Sorel est mariée.

10.   Elle a trois enfants.

11.   Non, Albert n'habite pas avec Nathalie.

12.   Il habite avec son père, sa mère, son grand-père et sa grand-mère.

13.   Oui, il cherche un appartement.

14.   Non, il ne trouve rien dans le journal.

15.   Non, elle ne va pas à Lyon en avion.

16.   Pour aller à Lyon, Nathalie prend le TGV.

17.   Elle y va dès qu'elle a des vacances.

18.   Non, ils ne vont pas aussi vite que le TGV.

LESSON 15: Official Business

A. RÉPONDEZ D'APRÈS LE DIALOGUE

1.   Ils sont dans une gare.
2.   Oui : Le bureau des objets trouvés est au fond de la gare.
3.   Non, il ne cherche pas son parapluie.
4.   Il cherche sa valise.
5.   Oui, il a perdu cette valise.
6.   Non, ce n'est pas la sienne.
7.   Elle est plus petite.
8.   Non, elle n'est pas de la même couleur.
9.   La sienne est bleue.
10.   Dans sa valise, il y a tous ses vêtements et ses affaires.
11.   Non, il n'a pas laissé sa valise chez moi.
12.   Non, il n'a pas donné sa valise à un ami. (ou Non, il ne l'a pas donnée à un ami.)
13.   Oui, il est arrivé à la gare avec la valise.
14.   Non, il n'a pas mis la valise dans le train.
15.   Oui, il est allé au guichet avec la valise. (ou Oui, il y est allé avec la valise.)
16.   Non, il n'a pas mis la valise sur le comptoir du guichet. (ou Non, il ne l'a pas mise sur le comptoir du guichet.)
17.   Oui, le voyageur a fait la queue au guichet.
18.   Oui, il a attendu pour acheter un billet de train.
19.   Non, il n'a pas quitté le guichet avec sa valise.
20.   La voyageuse a retrouvé la valise.
21.   Elle a retrouvé la valise au bureau des objets trouvés. (ou Elle l'a retrouvée au …)
22.   Oui, il est (très) content de retrouver sa valise. (ou Oui, il est (très) content de la retrouver.)
23.   Oui, elle a été gentille.
24.   Non, on ne sait pas où elle habite.
25.   Oui, il veut le savoir.

16 Review: Lessons 13-15

A. CHOISISSEZ LE MOT APPROPRIÉ

1.   Ce monsieur est un agent de la circulation.
2.   Pour descendre, prenez l'ascenseur.
3.   Il faut tourner à droite.
4.   Le boulevard Haussmann, c'est le boulevard que nous voyons à gauche.
5.   Continuez jusqu'à la place de l'Opéra.
6.   Où se trouve le rond-point de la Comédie-Française ?
7.   Mais non, ce n'est pas loin, c'est près !
8.   Le Louvre est à trente minutes d'ici.
9.   Est-ce que vous y allez à pied ou en voiture ?

10. Y allez-vous avant la leçon, ou après ?

11. C'est facile ou difficile ?

12. La pyramide se trouve au milieu de l'esplanade du Carrousel.

13. La touriste a lu une brochure sur le Louvre.

14. Nous allons faire une petite promenade à pied.

15. Nos amis sont assis dans le salon.

16. Mme Sorel est la femme de M. Sorel.

17. Elle est en train de servir le café.

18. Albert prend son café sans sucre.

19. Albert n'est pas le mari de Nathalie.

20. Je ne bois jamais de thé.

21. Tu n'écoutes personne !

22. Mon oncle a soixante ans.

23. Le frère de Mme Sorel est célibataire.

24. Quel âge as-tu ?

25. Albert habite dans la banlieue parisienne.

26. Le père de mon père est mon grand-père.

27. On prend l'avion à l'aéroport.

28. Je lis le journal tous les jours.

29. Albert cherche mais il ne trouve rien.

30. Notre-Dame est en plein centre de Paris.

31. Vite ! Je suis pressé !

32. Nathalie va à Lyon dès qu'elle a des vacances.

33. En TGV, ça va plus vite !

34. Je ne me rappelle pas où j'ai mis mon passeport.

35. Le voyageur a fait la queue pour acheter un billet de train.

36. Êtes-vous assis à côté de moi ?

37. Il y a un escalier pour aller au premier étage.

38. De quelle couleur est votre livre ?

39. Où se trouve le bureau des objets trouvés ?

40. Une voiture a quatre roues.

41. Où avez-vous trouvé cet objet ?

42. Il a pris toutes les valises en même temps.

43. Excusez-moi, je suis désolé.

44. Cette clé n'est pas la mienne !

45. Est-ce que vous pourriez me vendre un billet, s'il vous plaît ?

46. Cette question finit l'exercice.

B. COMPLÉTEZ LES PHRASES AVEC LE PASSÉ COMPOSÉ DES VERBES

1. Hier, nous avons eu beaucoup de travail.

2. Albert est resté un mois à Lyon.

3.   Hier, nous avons fait la cuisine pour nos amis.

4.   Est-ce que vous avez pris un taxi pour visiter Paris ?

5.   Où es-tu allé(e) ?

6.   J'ai mis mon nom sur l'enveloppe.

7.   Qu'est-ce que tu as dit ?

8.   Le voyageur est arrivé a dix heures.

9.   On a lu une brochure sur le Louvre.

10.   Est-ce que cette voyageuse a pu prendre l'avion ?

11.   Hier, je suis venu(e) au bureau sans la voiture.

12.   Hier matin, nous n'avons pas vu l'autobus.

13.   As-tu apporté ton parapluie ?

14.   Je suis parti(e) en vacances sans ma famille.

15.   Les employés n'ont pas dit bonjour au patron.

16.   Nous avons acheté une carte de France.

17.   Est-ce que l'agent a répondu au touriste ?

18.   Je n'ai pas pu visiter tout le musée.

19.   Vous n'avez pas eu le temps ?

20.   Albert a-t-il voulu faire la cuisine ?

21.   Aujourd'hui il ne pleut pas. Mais hier, est-ce qu'il a plu ?

22.   Qu'est-ce que vous avez fait hier soir ?

23.   Thomas n'est pas encore revenu de vacances.

24.   Êtes-vous déjà allé(e)(s) au musée d'Orsay ?

25.   À quelle heure cet employé est-il arrivé au bureau ?

26.   Paul m'a envoyé une carte postale.

27.   Es-tu descendu(e) au rez-de-chaussée ?

28.   Je suis resté(e) tout l'après-midi au musée du Louvre.

29.   Ils ont vendu les billets à l'entrée.

30.   Nous avons choisi le verbe qu'il faut !

C. CHOISISSEZ QUI OU QUE (OU QU')

1.   Connaissez-vous le monsieur qui est sorti ?

2.   L'avenue qui est en face de nous est l'avenue des Champs-Élysées.

3.   Les amis qu'elle attend vont arriver à quatre heures.

4.   La brochure que nous lisons est très intéressante.

5.   Avez-vous parlé au monsieur qui est venu ce matin ?

6.   Comment s'appelle le garçon qui a téléphoné ?

7.   Le musée que nous avons visité hier est le Louvre.

8.   Tu vas reconnaître la pyramide qui se trouve au milieu.

9.   Ils disent que le jardin des Tuileries est très beau.

10.   Le voyageur qui a perdu sa valise s'appelle Dubois.

11.   On sait bien que la pyramide est l'entrée du musée.

12.   Voici la réceptionniste qui m'a répondu au téléphone.

13.   Où se trouve le jardin qu'elle a visité ?

14.   Les voyageurs ont pris le premier autobus qui est arrivé !

15.   Quel est le restaurant que tu préfères ?

D. RÉPONDEZ À LA FORME NÉGATIVE

1.   Non, je n'écris rien en espagnol.

2.   Non, je ne vois personne devant moi.

3.   Non, je n'écoute rien à la radio.

4.   Non, je ne lis rien dans le journal.

5.   Non, je n'appelle personne au téléphone.

E. RÉPONDEZ AVEC EN TRAIN DE + infinitif

1.   Oui, je suis en train de regarder la télé.

2.   Oui, elle est en train de boire du café.

3.   Oui, je suis en train d'écouter de la musique.

4.   Oui, il est en train de lire son journal.

5.   Oui, je suis en train de finir cet exercice.

F. RÉPONDEZ PAR DES PHRASES COMPLÈTES

1.   Oui, il va plus vite que le train.

2.   Oui, en France, l'hiver est plus froid que l'automne.

3.   Oui, Monaco est moins grand que Paris.

4.   Oui, ils vont moins vite que le TGV.

5.   Non, le jardin des Tuileries ne se trouve pas à Bordeaux.

6.   Quand il fait beau, le ciel est bleu.

7.   Oui, c'est le mien.

8.   Non, je n'ai pas fini tous les exercices de cette leçon.

9.   La leçon 16 est avant la leçon 17.

10.   Non, je n'ai pas lu tout le livre.

LESSON 17: Parisian Life

A. RÉPONDEZ D'APRÈS LE DIALOGUE

1.   Elle s'appelle Awa.

2.   Non, elle n'habite pas à Paris.

3.   Non, elle n'est pas plus vieille qu'Abou.

4.   Oui, ils ont le même âge.

5.   Quand Awa est à la campagne, elle se lève tôt.

6.   Elle se lève à six heures du matin.

7.   Avant le lever du soleil, Awa se lave, elle se brosse les dents et elle s'habille.

8.   Non, elle ne se couche jamais après dix heures du soir.

9.   Oui, Abou est parisien.

10.   Oui, on peut faire beaucoup de choses le soir à Paris.

11.   Non, à la campagne, il n'y a pas beaucoup de choses pour les jeunes.

12.   Elle se couche tôt parce qu'elle s'ennuie.

13.   Non, Abou n'aime pas la campagne.

14.   Il ne l'aime pas parce que c'est trop tranquille. Ça lui semble monotone.

15.   Oui, les parents d'Awa se sont habitués à la campagne.

16.   Ils disent qu'à la campagne, on se repose.

17.   Oui, Awa peut venir habiter chez Abou.

18.   Oui, ils aiment Awa.

19.   Oui, c'est leur nièce.

20.   Non, Abou et Awa ne sont pas mes cousins.

21.   Non, nous ne sommes pas de la même famille.

22.   Elle vient d'acheter Pariscope.

23.   Dans ce magazine, elle va regarder s'il y a quelque chose qui leur plaît.

24.   Oui, ils aiment sortir ensemble.

25.   Oui, ils s'amusent bien.

LESSON 18: Shopping

A. RÉPONDEZ D'APRÈS LE DIALOGUE

1.   Oui, la vendeuse s'occupe du client.

2.   Non, il ne veut pas essayer de veston.

3.   Il veut essayer des chaussures.

4.   Oui, elles sont sur une étagère.

5.   Elles se trouvent à droite.

6.   Oui, la pointure neuf aux États-Unis, c'est la pointure quarante en France.

7.   Non, il ne reste pas de chaussures de pointure quarante en marron.

8.   Non, elle n'a pas trouvé les chaussures.

9.   Oui, elle dit qu'elle va les commander.

10.   Oui, elle les aura plus tard.

11.   Elle les aura demain.

12.   Non, le client n'a pas pu essayer les chaussures. (ou Non, il n'a pas pu les essayer.)

13.   Il doit revenir demain après-midi.

14.   Ce magasin ferme à dix-huit heures trente.

15.   Oui, il ferme à six heures et demie du soir.

16.   Oui, le client doit faire d'autres achats dans ce grand magasin.

17.   Il doit acheter des cravates.

18.   Oui, pour cela, il doit descendre au rez-de-chaussée.

19.   Oui, on y trouve également des chemises, des pantalons et des chaussettes.

20.   Oui, on vend des souvenirs, de l'autre côté du magasin. (ou Oui, on y vend des souvenirs.)

21.   Oui, on en vend aussi dans les aéroports.

22.   Non, il ne doit pas acheter de souvenirs pour moi.
23.   Il doit en acheter pour des amis étrangers.
24.   Non, il n'a pas oublié ses amis.
25.   Pour descendre au rez-de-chaussée du magasin, le client va prendre l'escalier mécanique.

LESSON 19: Celebrations

A. RÉPONDEZ D'APRÈS LE DIALOGUE

1.   Albert et Nathalie sont en train de dîner.
2.   Oui, ils ont faim.
3.   Sur la table, il y a des hors-d'œuvres, du poisson, de la viande, des légumes et de la salade.
4.   Ils ont bu une bouteille de champagne.
5.   Non, je ne sais pas qui a ouvert la bouteille.
6.   Non, aujourd'hui, ce n'est pas mon anniversaire.
7.   C'est l'anniversaire d'Albert.
8.   Nathalie félicite Albert parce qu'il a décroché son permis de conduire.
9.   Il préfère parler des vacances.
10.   Elle va retourner à Lyon pour quelques jours. Et après, si elle a le temps, elle passera quelques jours en Suisse.
11.   Il ira d'abord à Bordeaux.
12.   Oui, il aime le sport.
13.   Oui, il aime aussi danser.
14.   Non, elle n'ira pas voir Albert sur la Côte d'Azur.
15.   Oui, elle aimerait y aller.
16.   Elle ne pourra pas y aller parce qu'elle n'a pas de voiture et qu'elle aura très peu de temps.
17.   Oui, si elle avait une voiture, elle pourrait peut-être y aller.
18.   Albert veut prêter une voiture à Nathalie.
19.   Oui, c'est gentil de la part d'Albert. (ou Oui, c'est gentil de sa part.)
20.   Oui, il sait que Nathalie est prudente.
21.   Non, elle n'accepte pas.
22.   Elle doit être de retour à Paris le 12 juillet.
23.   Oui, il a trouvé un appartement.
24.   Oui, il a beaucoup de fenêtres.
25.   Il est près de la banque où travaille Albert.
26.   Nathalie voudrait aussi visiter l'appartement d'Albert.
27.   Il pourra inviter Nathalie quand il sera installé.
28.   Oui, il y a un gâteau d'anniversaire pour Albert.
29.   Non, Albert ne doit pas allumer les bougies. (ou Non, il ne doit pas les allumer.)
30.   Il doit éteindre les bougies. (ou Il doit les éteindre.)
31.   Oui, en général, on doit éteindre la télé avant de se coucher.

20 Review: Lessons 17-19

A. CHOISISSEZ LE MOT APPROPRIÉ

1. Nous avons passé quelques jours à la plage.
2. Abou et Awa ont le même âge.
3. Tu es arrivé tard. Moi, au contraire, je suis arrivé tôt.
4. Je me lave dans la salle de bains.
5. Nous nous habillons pour aller à l'Opéra.
6. Vous n'avez pas raison : vous avez tort !
7. Si tu as soif, bois.
8. Awa ne se couche jamais tard.
9. Abou n'a pas d'argent. C'est dommage !
10. Est-ce que tu aimes ce mode de vie ?
11. Mes parents se sont habitués à la campagne.
12. Quand je suis fatigué, je me repose.
13. M. Sorel est plus vieux que Paul.
14. Quand partez-vous en vacances ?
15. Quel journal lis-tu ?
16. Savez-vous jouer aux cartes ?
17. Je ne comprends pas très bien cette phrase.
18. Ce voyage me semble un peu monotone.
19. Aimez-vous ma cravate ? Est-ce qu'elle vous plaît ?
20. Le client a fait quelques achats.
21. Les chaussures sont sur une étagère.
22. Vous désirez une voiture ? Laquelle ?
23. Avant de traverser, il faut regarder à droite et à gauche.
24. Nous allons essayer ce vêtement avant de l'acheter.
25. Vingt-deux heures, c'est dix heures du soir.
26. En France, quand on mange, il faut mettre les mains sur la table.
27. Quand on a fini de boire, la bouteille est vide.
28. À quelle heure ce magasin ouvre-t-il ?
29. Il y a de l'argent à la banque. Il y en a beaucoup !
30. Mettez-vous votre chemise avec une cravate ou sans cravate ?
31. Est-ce qu'on met les chaussettes avant de mettre les chaussures ou après ?
32. Par où est-ce qu'on descend ?
33. La vendeuse va commander un pantalon et un veston pour le client.
34. Vous êtes en train de répondre à mes questions.
35. On sert les hors-d'œuvres avant le poisson et la viande.
36. À qui a-t-on dit « joyeux anniversaire » ?
37. Paul est devenu l'ami de Nathalie.
38. En été, tout le monde part en vacances !

39.   Albert aime-t-il faire du sport ?

40.   Quelquefois, les questions sont difficiles et les exercices sont compliqués !

41.   Albert a voulu prêter sa voiture à Nathalie.

42.   Est-ce que la jeune fille a accepté ?

43.   Elle a répondu : « C'est gentil ; je te remercie. »

44.   Nous avons regardé par la fenêtre de la cuisine.

45.   Albert va s'installer dans son nouvel appartement.

46.   Albert doit éteindre les bougies de son gâteau d'anniversaire.

47.   Avez-vous allumé la radio ce matin ?

48.   Je téléphonerai à Nathalie quand j'arriverai à Bordeaux.

49.   Si Abou et Awa avaient un million, ils feraient le tour du monde.

50.   Il faut que nous finissions cet exercice !

B. TRANSFORMEZ LES PHRASES SELON LES EXEMPLES

1.   (a)   Avant de boire, nous avons ouvert la bouteille.

        (b)   Après avoir ouvert la bouteille, nous avons bu.

2.   (a)   Avant d'envoyer la lettre, tu écris ton adresse !

        (b)   Après avoir écrit ton adresse, tu envoies la lettre !

3.   (a)   Avant de téléphoner, on a attendu dix minutes.

        (b)   Après avoir attendu dix minutes, on a téléphoné.

4.   (a)   Avant d'acheter quelques souvenirs, je descendrai au rez-de-chaussée.

        (b)   Après être descendu au rez-de-chaussée, j'achèterai quelques souvenirs.

5.   (a)   Avant de sortir, les jeunes gens se sont habillés.

        (b)   Après s'être habillés, les jeunes gens sont sortis.

C. TROUVEZ LES QUESTIONS

1.   Quel âge avez-vous ? (ou Quel âge as-tu ?)

2.   Quel temps fait-il aujourd'hui ?

3.   À quelle heure ferme ce magasin ? (ou À quelle heure ce magasin ferme-t-il ?)

4.   De quelle couleur est votre veston ? (ou De quelle couleur est ton veston ?)

5.   Depuis combien de temps êtes-vous en France ? (ou Depuis combien de temps es-tu en France ?)

D. METTEZ LE VERBE AU TEMPS QUI CONVIENT : PRÉSENT, FUTUR, PASSÉ COMPOSÉ, IMPARFAIT, CONDITIONNEL OU SUBJONCTIF

1.   Demain vous partirez pour Bordeaux et Albert partira pour Lyon.

2.   Je dois envoyer ce colis aujourd'hui.

3.   Hier, à huit heures du soir, Paul a téléphoné à Nathalie.

4.   J'ai commencé à travailler à six heures, et maintenant, il est huit heures : je travaille depuis deux heures.

5.   L'année prochaine, tu iras à Monaco, et nous irons à Cannes.

6.   Quand ils étaient petits, Albert et ses amis faisaient toujours du sport.

7.   Maintenant, vous faites le dernier exercice de ce livre.

8.   L'été prochain, je serai à Toulouse. Et vous ? Où serez-vous ?

9.   Avant, je buvais toujours du vin. Maintenant, je bois de l'eau.

10.   Je ne prends pas de poisson. Je n'en mange jamais !

11.   Il y a de la viande et des légumes. Qui en veut ?

12.   Aujourd'hui, tu vas à la plage. Avant, tu allais à la campagne.

13.   Si j'ai des vacances, je voyagerai.

14.   Si vous êtes fatigués, asseyez-vous à la terrasse d'un café.

15.   Le patron veut que sa secrétaire écrive une lettre.

16.   L'été dernier, pour la fête du 14 juillet, nous avons dansé dans la rue.

17.   Si Nathalie avait le temps, elle irait sur la Côte d'Azur.

18.   Je me rappelle bien ! Avant de trouver un appartement, Albert était avec ses parents.

19.   Mardi dernier, il a trouvé un appartement.

20.   Si tu habitais à Paris, tu parlerais français.

21.   Il est quatre heures dix. Nous attendons l'autobus depuis dix minutes.

22.   Il faut que je fasse un peu de sport.

23.   J'ai mangé de la confiture. Et toi ? Est-ce que tu en as mangé ?

24.   Quel jour sommes-nous aujourd'hui ?

25.   Nous venons de dîner et maintenant nous allons prendre un café.

26.   Il y a du thé. Est-ce que vous en voulez maintenant ?

27.   Aimez-vous qu'on fasse la cuisine pour vous ?

28.   Hier, je me suis trompé(e) quand j'ai fait l'exercice !

29.   En général, est-ce que les voyageurs doivent avoir un passeport ?

30.   C'est très bien ! C'est formidable ! Vous venez de finir le dernier exercice !

Glossary

A

à: *to, at*

À bientôt !: *See you soon!*

à Bordeaux: *to Bordeaux/in Bordeaux*

à cet étage: *on this floor*

à côté de: *beside, next to*

à demain: *see you tomorrow*

à droite: *right, on the right*

à gauche: *left, on the left*

à Marseille: *to Marseille/at Marseille/in Marseille*

à pied: *on foot*

à quelle heure ?: *at which hour/at what time?*

à tout à l'heure !: *see you soon!*

à trois heures: *at three o'clock*

accepter: *to accept*

achat, m: *purchase*

acheter: *to buy*

addition, f: *check (at a restaurant, a bar, etc.)*

adorer: *to love*

aéroport, m: *airport*

affaires: *stuff/business*

affranchir: *to stamp*

âge, m: *age*

agent de la circulation, m:
traffic policeman

Ah bon !: *Ah, OK!*

allemand m/allemande f: *German*

aller: *to go*

aller chercher: *to go look for, go to fetch*

aller voir: *to go and see*

allez: *go*

Allô ?: *Hello? (on the phone only)*

allumer: *to light/to turn on (radio, TV, etc.)*

alors: *then*

américain m/américaine f: *American*

ami, m: *friend (male)*

amie, f: *friend (female)*

Anglais m/Anglaise f:
English (person)

anglais, m: *English (language)*

année, f: *year*

année dernière: *last year*

anniversaire, m: *birthday*

appeler: *to call*

apporter: *to bring*

approximatif (*m sing.*)/approximative (*f sing.*)

approximatifs (*m plur.*)/approximatives (*f plur.*):
approximate

après: *after, afterward*

après avoir cherché: *after looking, after having looked*

After nouns the following abbreviations have been used to indicate the gender of the word: m – masculine; f – feminine

argent, *m*: *money*

arrêt de bus, *m*: *bus stop*

arriver: *to arrive*

ascenseur, *m*: *an elevator*

Asseyez-vous !: *Sit down!*

assis (*m sing.*)/assise (*f sing.*)

assis (*m plur.*)/assises (*f plur.*):
seated

As-tu parlé ?: *Have you spoken?*

attendre: *to wait*

Attention !: *Watch out!*

au contraire: *on the contrary*

au fait: *by the way*

au fond de: *at the end of*

au fond de la gare:
at the back of the station

au milieu: *in the middle*

au moins: *at least*

au revoir: *goodbye*

au rez-de-chaussée: *on the ground floor*

aujourd'hui: *today*

aussi: *also*

automne: *autumn*

autre/autres: *other*

les autres: *the others*

attendre: *to wait for*

avant: *before*

avant de manger:
before eating

avant de quitter:
before leaving

avec: *with*

avec plaisir: *with pleasure*

avec toi: *with you*

avenue, *f*: *avenue*

avion, *m*: *plane*

avoir: *to have*

avoir faim: *to be hungry*

avoir froid/ chaud: *to be cold / hot*

avoir le temps: *to have the time*

avoir raison: *to be right*

avoir soif: *to be thirsty*

avoir tort: *to be wrong*

B

bagages: *luggage*

balance, *f*: *scale*

banlieue, *f*: *suburbs, outskirts*

banque, *f*: *bank*

bar, *m*: *a bar*

beau (*m sing.*) /belle (*f sing.*)/beaux (*m plur.*)/
belles (*f plur.*):
pretty, attractive, nice

beaucoup: *a lot*

beaucoup de: *a lot of*

beaucoup de livres: *a lot of books*

beaucoup de travail: *a lot of work*

beaucoup moins: *much less*

beaucoup plus tard que ça:
very much later than that

beaucoup plus tôt: *very much earlier*

belge, *m/f*: *Belgian*

beurre, *m*: *butter*

bien: *good/well*

bien sûr: *of course/sure*

bientôt: *soon*

billet, *m*: *ticket*

billet d'avion: *plane ticket*

billet de train: *train ticket*

blanc: *white*

bleu: *blue*

boire: *to drink*

boîte, *f*: *box*

bonjour: *hello*

Bonne idée !: *good idea!*

Bonne promenade !: *Have a nice walk!*

Bonne soirée !: *Have a nice evening!*

Bon voyage !: *Have a good trip!*

bougie, *f*: *candle*

boulangerie, *f*: *baker's store*

boulevard, *m*: *boulevard*

bouteille, *f*: *bottle*

bouteille de champagne:
bottle of champagne

brioche, *f*: *brioche*

brochure, *f*: *brochure*

bureau, *m*: *desk/office*

bus/autobus, *m*: *bus*

C

ça: *that*

Ça fait combien ?/Combien ça fait ?:
How much is that?

ça m'arrange: *that will help me*

ça me semble: *it seems to me*

ça nous plaît: *we like that*

ça s'arrête: *it stops*

Ça va ?: *How is it going?/Is everything all right?*

ça va vite: *it goes quickly/it's fast*

café au lait, *m*: *a coffee with milk*

café noir, *m*: *a black coffee*

calendrier, *m*: *calendar*

campagne, *f*: *countryside*

canadien *m*/canadienne *f*: *Canadian*

capitale, *f*: *capital*

carte, *f*: *card*

carte d'identité: *identity card*

catastrophique: *terrible, disastrous*

ce (cet before vowels, *m*, or cette, *f*): *this*

ce genre de chaussures:
this style of shoes

ce matin: *this morning*

ce n'est pas mal: *it's not bad*

ce serait: *this would be*

ce soir: *this evening*

c'est à vingt minutes:
it's twenty minutes away

c'est ça: *that's it, that's what*

C'est ça qui est difficile.:
That's what's difficult.

C'est dommage !: *What a pity!*

c'est entendu: *it's agreed*

c'est gentil de votre part:
it's kind of you

C'est là qu'on vend les billets.:
That's where they sell tickets.

C'est pour ça que je n'aime pas...:
That's why I don't like...

c'est pourquoi: *that's why*

C'est tout ?: *Is that all?*

c'est très facile: *it's very easy*

célibataire: *unmarried, single*

celles qui sont à droite:
those on the right

celui-ci *m*/celle-ci *f*: *this one*

celui-là *m*/celle-là *f*: *that one*

cent: *a hundred*

centre, *m*: *the center*

certainement: *certainly*

ces: *these/those*

cet après-midi: *this afternoon*

ceux: *those*

ceux-ci *m*/celles-ci *f*: *these ones*

ceux-là *m*/celles-là *f*: *those ones*

chaise, *f*: *chair*

chambre, *f*: *room*

changer: *to change*

chanter: *to sing*

charcuterie, *f*: *butcher's store*

chemin, *m*: *way*

chemise, *f*: *shirt*

chercher (regular "er" verb):
to look for

chez: *at the home of*

chez elle: *at her home/at her house*

chez mes parents:
at my parents' house

chez moi: *at my house*

chez nous: *at our house*

chez toi: *at your house*

chez vous: *at your house*

chien, *m*: *dog*

chocolat, *m*: *chocolate*

choisir: *to choose*

chose, *f*: *thing*

ciel, *m*: *sky*

cinéma, *m*: *movie theater*

cinquante: *fifty*

citron, *m*: *lemon*

clé, *f*: *key*

client, *m*: *client/customer*

coin, *m*: *corner*

colis, *m*: *package, parcel*

combien: *how many/how much*

commande, f: *order*
commander: *to order*
comme: *like, as*
comme nous: *like us/ourselves*
commencer: *to begin/to start*
comment: *how*
Comment allez-vous ?:
How are you?
compliqué: *complicated*
comprendre (conjugated like prendre):
to understand
confiture, f: *jam*
conjugaison, f: *conjugation*
content m/contente f/contents m/contentes f:
happy
contenu, m: *contents*
continuez: *continue*
conversation, f: *conversation*
côté, m: *side*
Côte d'Azur, f: *the French Riviera*
couleur, f: *color*
coup de téléphone, m: *telephone call*
courriel, m: *e-mail*
cousin, m: *cousin (male)*
cousine, f: *cousin (female)*
cravate, f: *tie*
croissant, m: *croissant*
cuisine, f: *cooking*
cuisine, f: *kitchen*
curieux: *curious/nosy*

D

d'abord: *firstly/first of all/in the first place*
d'accord: *okay/agreed*
d'ailleurs: *in addition*
dans: *in*
dans une semaine: *in a week*
danser: *to dance*
de (or d'): *of/from*
de l'argent: *some money*
de l'autre côté du magasin:
on the other side of the store
de la caféine: *some caffeine*

de la famille: *of the family*
de la musique: *some music*
de la petite monnaie: *small change*
d'où: *from where (contraction of de and où)*
de quelle couleur: *what color*
de quelle nationalité:
what nationality
de temps en temps: *from time to time*
déjà: *already*
délicieux (m sing.)/délicieuse (f sing.)/délicieux (m plur.)/délicieuses (f plur.): *delicious*
demain: *tomorrow*
demain après-midi: *tomorrow afternoon*
demain soir: *tomorrow evening*
depuis: *since*
depuis longtemps: *for a long time*
derrière: *behind*
descendre: *to go down*
désirer: *to want*
dès que: *as soon as, whenever*
dessert, m: *dessert*
destinataire, m: *addressee*
devant: *in front of*
devenir:
to become
devoir: *to ought to, to have to, to owe*
difficile: *difficult*
dimanche: *Sunday*
dîner, m: *dinner*
dîner: *to have dinner*
dire: *to say*
directeur m/directrice f: *director*
dix heures du soir:
ten o'clock in the evening
dix-huit: *eighteen*
dix-huit heures trente:
half-past six p.m (18:30)
dix-neuf: *nineteen*
dix-sept: *seventeen*
dommage !: *too bad!*
donne !: *give (me)!*
donner: *to give*
douze: *twelve*
douze ans: *twelve years (old)*

droit: *right*

E

école, *f*: *school*
école de langues:
language school
écouter: *to listen*
écrire: *to write*
également: *also, as well*
Eh bien ?: *So?*
employé, *m*/employée, *f*: *employee*
en: *some/any*
en attendant:
meanwhile/in the meantime
en direction de: *toward*
en été: *in summer*
en face: *opposite*
en fait: *in fact, actually*
en hiver: *in winter*
en marron: *in brown*
en même temps:
at the same time
en plein centre:
right in the center
en tout: *altogether*
en train de dîner: *having dinner*
en train de servir: *serving*
enchanté *m*/enchantée *f*:
pleased to meet you
encore du café: *more coffee*
encore un peu: *a little more*
enfant, *m*: *child*
enfance, *f*: *childhood*
enfin: *at last, finally*
ensemble: *together*
ensuite: *then*
entendu: *agreed*
entrée, *f*: *entrance*
entrée du musée:
entrance to the museum
enveloppe, *f*: *envelope*
environ: *about, approximately*
envoyer: *to send*

épicerie, *f*: *grocery store*
escalier, *m*: *staircase*
escalier mécanique, *m*: *escalator*
espagnol, m/espagnole, *f*: *Spanish*
esplanade, *f*: *esplanade*
essayer: *to try*
et, (eh): *and*
étage, *m*: *floor, story*
étagère, *f*: *shelf*
été *m*: *summer*
éteindre:
to blow out/to turn off (radio, TV, etc.)
étranger, *m* (étrangère, *f*):
foreign/foreigner
être: *to be*
être à l'heure: *to be on time*
être au téléphone:
to be on the phone
être d'accord: *to agree*
être de retour: *to be back*
étudier: *to study*
excusez-moi: *excuse me*
expéditeur, *m*/expéditrice, *f*: *the sender*

F

facile: *easy*
faire du sport: *to practice sports*
faire la cuisine: *to do the cooking*
faire la queue: *to stand in line*
faire un piquenique: *to have a picnic*
Fais vite !: *Be quick!*
famille, *f*: *family*
faux *m*/fausse *f*: *false*
félicitations !: *congratulations!*
féliciter: *to congratulate*
femme, *f*: *wife/woman*
fenêtre, *f*: *window*
fermer: *to close*
fiche, *f*: *form*
fille, *f*: *daughter*
film, *m*: *movie*
fils, *m*: *son*

formidable:
great/wonderful/terrific
français *m*/**française** *f*: *French (the nationality)*
Français *m*/**Française** *f*:
a Frenchman/Frenchwoman
français, *m*: *French (the language)*
frère, *m*: *brother*
fromage, *m*: *cheese*

G

gare, *f*: *station*
gâteau, *m*: *cake/pastry*
gâteau d'anniversaire:
birthday cake
gauche: *left*
généralement: *generally/usually*
genre, *m*: *style, kind*
gens, *pl.*: *people*
gentil: *nice*
gourmand: *greedy*
grammaire, *f*: *grammar*
grand (or grande): *big/large*
grand magasin, *m*: *department store*
grand-mère, *f*: *grandmother*
grand-père, *m*: *grandfather*
groupe, *m*: *group*
guichet, *m*: *teller/ticket booth*

H

habiter (regular "er" verb): *to live*
heure, *f*: *hour, time*
hier: *yesterday*
hier soir: *yesterday evening*
hiver, *m*: *winter*
hôtel, *m*: *hotel*

I

ici: *here*
idée: *idea*
il a douze ans: *he's 12 years old*
il fait beau: *it's fine*
il fait chaud: *it's hot*
il fait froid: *it's cold*

il faut: *it's necessary/you need to*
il faut encore acheter:
we still need to buy
il faut que: *it is necessary that*
il n'en reste plus: *there's none left*
il ne reste plus de chaussures:
there are no more shoes left
il n'y a pas: *there isn't/there aren't*
il n'y a pas de mal:
there is no harm done
il n'y a rien: *there is nothing*
il n'y en a pas: *there is none there*
il pleut: *it's raining*
il y a: *there is/there are*
immeuble, *m*: *building*
impératif, *m*: *the imperative*
imperméable, *m*: *raincoat*
impossible: *impossible*
indiquer: *to indicate*
infinitif, *m*: *infinitive*
installé: *settled in*
instant, *m*: *moment*
intéressant *(m sing.)*/**intéressante** *(f sing.)*/
intéressants *(m plur.)*/**intéressantes** *(f plur.)*:
interesting
inviter: *to invite*
italien *m*/**italienne** *f*: *Italian*

J

j'aurai: *I will have*
j'en aurai: *I will have some*
jamais: *never*
japonais *m*/**japonaise** *f*: *Japanese*
jardin, *m*: *garden*
je me suis trompé: *I was wrong*
je mets mon imperméable:
I put on my raincoat
je ne suis pas d'accord:
I don't agree
je suis désolé: *I am sorry*
je trouve que: *I find that*
je veux bien: *yes, thank you*
je voudrais: *I'd like*
je vous en prie: *you are welcome*

je vous remercie: *thank you*
jeudi: *Thursday*
jeune: *young*
jeunes *m*: *young people*
jeunes gens, *m*: *young people*
jouer (regular "er" verb): *to play*
jouer aux cartes: *to play cards*
jour, *m*: *day*
jour férié, *m*: *public holiday*
journal, *m*: *newspaper*
Joyeux anniversaire !:
Happy birthday!
jupe, *f*: *skirt*
jusqu'à: *until, as far as*
jusqu'à la place de l'Opéra:
as far as the Place de l'Opera

L

la rue qui est en face:
the street opposite
la semaine prochaine, *f*: *next week*
là: *there*
là-bas: *over there*
laisser (regular "er" verb):
to leave behind/to forget
lait, *m*: *milk*
langue, *f*: *language*
le 12 juillet: *July 12th*
le vôtre *(m sing.)*/la vôtre *(f sing.)*/les vôtres *(m/f*:
plur.): *yours*
leçon, *f*: *lesson*
leçon de français: *French lesson*
légume, *m*: *vegetable*
lesquels *m*/lesquelles *f*: *which (plural)*
lettre, *f*: *letter*
lettre à envoyer: *letter to send*
lever du soleil, *m*: *sunrise*
ligne, *f*: *line*
lire: *to read*
liste, *f*: *list*
livre, *m*: *book*
livre de français: *French book*
loin: *far*

Louvre, *m*: *the Louvre*
lundi, *m*: *Monday*

M

M., as in M. Sorel (Monsieur Sorel): *Mr.*
ma: *my (sing.)*
Madame Sorel: *Mrs. Sorel*
Mademoiselle Sorel: *Miss Sorel*
magasin, *m*: *store*
magazine, *m*: *magazine*
main, *f*: *hand*
maintenant: *now*
maison, *f*: *house*
mal: *bad/badly*
malheureusement: *unfortunately*
manteau, *m*: *coat/overcoat*
marché, *m*: *market*
marché aux puces, *m*: *flea market*
mardi, *m*: *Tuesday*
mari, *m*: *husband*
marié *m*/mariée *f*: *married*
matin, *m*: *morning*
même: *same*
merci: *thank you*
merci bien: *thank you very much*
merci d'avoir été:
thank you for having been
mercredi: *Wednesday*
mère, *f*: *mother*
métro, *m*: *subway*
mettre: *to put*
mettre un pull: *to put on a sweater*
mienne: *mine (feminine singular)*
mignon *m*/mignonne *f*: *cute*
Mlle, as in Mlle Caron (Mademoiselle Caron): *Miss*
Mme, as in Mme Sorel (Madame Sorel): *Mrs.*
mode de vie, *m*: *way of life*
moi: *me*
moi non plus: *neither do I*
moins: *less*
moins le quart: *a quarter to . . .*
monde, *m*: *the world*
monotone: *monotonous*
monsieur, *m*: *gentleman/man/mister/sir*

montagne, *f*: *mountain*

musée, *m*: *museum*

musique, *f*: *music*

N

nationalité, *f*: *nationality*

naturellement: *naturally*

nécessaire: *necessary*

n'est-ce pas ?: *right?*

neveu, *m*: *nephew*

nièce, *f*: *niece*

nom, *m*: *name*

non: *no*

notre: *our*

nous allons être cinq:
there will be five of us

nouveau: *new*

nouvel appartement, *m*:
new apartment

nuage, *m*: *cloud*

nuit, *f*: *night*

numéro, *m*: *number*

O

objet, *m*: *object*

objets trouvés: *lost property*

Oh là là !: *Oh dear!*

On a tout ce qu'il faut ?:
Do we have everything we need?

on allait: *we used to go*

on dirait que…: *it looks like…*

on dirait: *you'd say*

On s'occupe de vous ?:
Are you being attended to?/ Is someone looking after you?

oncle, *m*: *uncle*

onze: *eleven*

orange: *orange*

ordinateur, *m*: *computer*

ou: *or*

où: *where*

oublier: *to forget*

oui: *yes*

ouvrir: *to open*

P

pain, *m*: *bread*

paire de chaussures, *f*: *pair of shoes*

panier, *m*: *basket*

pantalon, *m*: *pair of pants*

papier, *m*: *paper*

par: *by/through*

par avion: *by air mail*

par erreur: *by mistake*

par exemple: *for example*

par fax: *by fax*

par là: *that way*

par où: *which way*

parapluie, *m*: *umbrella*

parc, *m*: *park*

parce que: *because*

pardon: *excuse me*

parfait: *perfect*

parisien *m*/parisienne *f*: *Parisian*

parler: *to talk*

partir en voyage: *to go on a trip*

partir: *to depart/to leave (go away)*

partout: *everywhere/all over*

pas aussi grand *m*/grande *f*: *not so big*

pas du tout: *not at all*

pas pour moi: *not for me*

pas si mal: *not so bad*

passe Navigo, *m*:
a travel card that can be purchased in Paris

passeport, *m*: *passport*

passer: *to pass/to spend*

passer l'après-midi: *to spend the afternoon*

patron, *m*: *boss*

payer: *to pay/to pay for*

pendant: *during*

pendant des mois: *during months*

perdre (regular "re" verb): *to lose*

père, *m*: *father*

permis de conduire, *m*: *driver's licence*

personne, **f**: *person*
peser: *to weigh*
petit **m**/petite **f**: *small/little*
petit déjeuner, **m**: *breakfast*
peut-être: *perhaps*
pièce, **f**: *room; coin*
pièce de théâtre, **f**: *stage play*
place, **f**: *space*
plage, **f**: *beach*
plaire (irregular): *to please*
plus ou moins: *more or less*
plus petit **m**/petite **f** que: *smaller than*
plutôt: *rather*
pointure, **f**: *shoe size*
poisson, **m**: *fish*
porte, **f**: *door*
porteur, **m**: *porter*
poste, **f**: *post office*
poulet rôti, **m**: *roast chicken*
pour: *for*
pour femmes/pour dames: *for women*
pour hommes: *for men*
pour l'instant: *for the moment*
pourquoi ?: *why?*
pourquoi ça ?: *why's that?*
pourquoi pas ?: *why not?*
pourriez-vous: *could you*
pourriez-vous m'indiquer ?: *could you show me?*
pouvoir: *can/to be able to*
pratique: *practical/convenient/handy*
préférer: *to prefer*
prendre: *to take*
prendre l'avion: *to take the plane*
prendre le métro: *to take the subway*
prendre le petit déjeuner: *to eat breakfast*
prendre un taxi: *to take a cab*
préparer: *to prepare*
près de chez nous: *near our house*
présentations: *introductions*
presque: *almost*
pressé *(m sing.)*/pressée *(f sing.)*/
pressés *(m plur.)*/pressées *(f plur.)*: *in a hurry*
prêt(s) **m**/prête(s) **f**: *ready*

prêter: *to lend*
printemps: *spring*
probablement: *probably*
professeur, **m**: *teacher*
professeur de français, **m**:
teacher of French/French teacher
promenade, **f**: *walk (noun)*
prudent *(m sing.)*/prudente *(f sing.)*/prudents *(m plur.)*/prudentes *(f plur.)*: *careful*
pull, **m**: *sweater*
pyramide, **f**: *pyramid*

Q

quai, **m**: *platform*
quand: *when*
quarante: *forty*
quartier, **m**: *neighborhood*
Quartier latin, **m**:
the "Latin Quarter," in Paris
quatorze: *fourteen*
quatre-vingts: *eighty*
quatre-vingt-dix: *ninety*
quel âge: *what age*
Quel temps fait-il ?:
What's the weather like?
Quel travail !: *What a job!*
Quelle est votre pointure ?:
What (shoe) size are you?
Quelle heure est-il ?:
What time is it?
quelque chose:
something
quelquefois: *sometimes*
quelques: *some, a few*
quelqu'un: *someone*
question, **f**: *question*
qui ?: *who*
qu'est-ce que ... ?: *what ...?*
quinze: *fifteen*

R

réceptionniste, **m/f**: *receptionist*

reconnaître: *recognize*
Regardez !: *Look!*
regarder la télé: *to watch television*
remercier: *to thank*
remplir: *to fill (out)*
rendez-vous, *m*: *a meeting of two or more people (can also be a date)*
repasser: *to drop by again*
répéter: *to repeat*
répondre: *to answer*
répondre au téléphone: *to answer the phone*
réponse, *f*: *answer*
réservation, *f*: *reservation*
rester: *to be left; to remain, to stay*
retourner: *to go back*
retrouver: *to find again*
revenir: *to come back*
réviser: *to review*
rez-de-chaussée, *m*: *first floor*
rien: *nothing*
rond-point, *m*: *traffic circle, roundabout*
roue, *f*: *wheel*
rue, *f*: *street*
russe, *m/f*: *Russian*

S

sac, *m*: *bag*
saison, *f*: *season*
salade,*s salad*
salle à manger, *f*: *dining room*
salle de bains, *f*: *bathroom*
salon, *m*: *living room*
samedi, *m*: *Saturday*
sans: *without*
savoir: *to know/to know how*
s'amuser: *to have fun*
se coucher: *to go to bed*
s'ennuyer: *to be bored*
s'habiller: *to get dressed*
s'habituer: *to get used to*
se lever: *to get up*
s'occuper de (regular "er" verb): *to attend to*
s'occuper de quelque chose: *to deal with something*
s'occuper de quelqu'un: *to attend to someone*
se brosser les dents: *to brush one's teeth*
se peigner: *to comb one's hair*
se présenter: *to introduce oneself*
se promener: *to take a walk*
se quitter: *to leave*
se raser: *to shave*
se reposer: *to rest*
se trouver: *to be situated*
secrétaire, *m/f*: *secretary*
seize: *sixteen*
sembler (regular "er" verb): *to seem*
servir: *to serve*
seulement: *only*
s'il te plaît: *please (you (sing.) informal)*
s'il vous plaît: *please (you (plur.) informal)*
sœur, *f*: *sister*
soir, *m*: *evening*
soirée, *f*: *evening (an outing, reception, etc.)*
soixante: *sixty*
soixante-dix: *seventy*
soleil, *m*: *sun*
sont allés: *have gone*
sont assis: *are sitting*
sortie, *f*: *the exit*
sortir: *to go out/to come out*
sous: *under*
souvenir, *m*: *souvenir*
souvent: *often*
spécial *(m sing.)*/**spéciale** *(f sing.)*/**spéciaux** *(m plur.)*/**spéciales** *(f plur.)*: *special*
sport, *m*: *sport*
stylo, *m*: *pen*
sucre, *m*: *sugar*
suisse, *m/f*: *Swiss*
sur: *on*
sur la rive droite: *on the right bank*
sur la rive gauche: *on the left bank*

surtout: *especially*

T

tant de choses à faire:
so many things to do

tante, *f*: *aunt*

taper: *to type*

tartine, *f*: *slice of bread (open sandwich)*

tartine de pain beurré:
slice of buttered bread

taxi, *m*: *taxi/cab*

télé (la télévision), *f*: *TV (television)*

téléphone, *m*: *telephone*

téléphoner: *to telephone/call*

tenir: *to hold*

terrasse d'un café: *café terrace*

TGV (le Train à Grande Vitesse), *m*:
high speed train

thé, *m*: *tea*

thé au citron: *lemon tea*

thé au lait: *tea with milk*

théâtre, *m*: *theater*

ticket de métro: *subway ticket*

timbre, *m*: *stamp*

toi et moi: *you and me*

tôt: *early*

toujours: *always/still*

touriste, *m/f*: *tourist*

tous les soirs:
every evening

tout: *all, everything*

tout ce qu'il faut:
all that we need/all that is necessary

tout de suite: *right away*

tout droit: *straight ahead*

tout le monde: *everyone*

train, *m*: *train*

train de banlieue:
commuter train

tranquille: *quiet*

transporter (regular "er" verb):
to carry, transport

travail, *m*: *work*

travailler: *to work*

Travaillez bien !: *Work well/Keep up the good work!*

traverser: *to cross*

treize: *thirteen*

trente: *thirty*

très: *very*

très bien:
very well/very good

très mal: *very bad*

troisième: *third*

trop: *too, too much*

trouver (regular "er" verb):
to find

truc, *m*: *thing*

Tu peux le dire.:
You can say that again!

U

un de ses cousins *m*/cousines *f*:
one of his cousins

un peu partout: *all over*

un peu plus loin: *a little further*

V

vacances, *f pl.*: *vacation*

valeur, *f*: *value*

valise, *f*: *suitcase*

vendeur *m*/vendeuse *f*:
sales assistant

vendre (regular "re" verb, conjugated like attendre
or répondre): *to sell*

vendredi: *Friday*

venir: *to come*

verbe, *m*: *verb*

veston, *m*: *jacket*

vêtement, *m*: *garment, item of clothing*

veuillez (irregular imperative of vouloir): *please
(would you please?)*

Veuillez attendre: *Please wait*

viande, *f: meat*

vide: *empty*

vie, *f: life*

ville, *f: town*

vin, *m: wine*

vingt: *twenty*

visiter: *to visit*

vite: *quickly*

vocabulaire, *m:*
vocabulary

voici . . . : *here is . . .*

voir: *to see*

voiture, *f: car*

vos: *your (masculine/feminine, plural)*

votre: *your (masculine/feminine, singular, formal)*

vous: *you*

Vous venez du Canada.:
You come from Canada.

voyage, *m: trip/journey*

voyager: *to travel*

voyageur *m*/**voyageuse** *f:*
traveler

voyons: *let's see*

vrai: *true*

vraiment: *really*

W

weekend, *m: weekend*

Y

y: *there/here*

y a-t-il . . . ? *(or* **est-ce qu'il y a . . . ?** *):*
is there/are there . . . ?